XOCHIMILCO

NUESTRA PORTADA

Sobre tres caras de nuestra cubierta, vemos una imagen clásica de Xochimilco pintada en 1937 por Miguel Covarrubias sobre un muro, de 2.5 por 6 metros, que estuvo en un edificio ubicado en Madero 30, en la ciudad de México. Sobre la tercera de forros, está el mural *Santa Anita*, inspirado en la celebración que se lleva a cabo en ese canal cada viernes de Dolores. Se encuentra en la Secretaría de Educación Pública y fue realizado por Diego Rivera entre 1923 y 1928. Aunque se trata de épocas distintas, ambos pintores vieron el mismo Xochimilco que en 1904 describió Antonio García Cubas en *El libro de mis recuerdos*: "En las canoas fletadas por familias decentes, ocupaban éstas con cierto desahogo sus asientos, bajo de un toldo curvo formado por petates y sostenido por arcos de madera. Con muy diferente aspecto se presentaban las canoas ocupadas por gente del pueblo. Unos iban sentados en los bordes de la canoa, entre los que se contaban los músicos, que tañían una arpa, un bandolón y una guitarra, y otros en los planos inclinados de las que impropiamente pudiéramos llamar proa y popa, pues de una y otra carecen las primitivas embarcaciones aztecas. El centro de la canoa quedaba libre, sin el obstáculo del toldo para los bailadores que, por el gusto que se daban, no hubieran cambiado su suerte por la del Preste Juan, que debe haber sido el rey más feliz de los mortales. El grupo de bailadores formaba un extraño conjunto de individuos de diversos trajes y condiciones. La china de zagalejo y rebozo terciado, y el charro de calzonera de paño con botonadura de plata y sombrero canelo galoneado. La nodriza, que dejó entregada su cría a los

Página anterior:
Naret.
La espera II, 2002.
Óleo sobre lino.
80 x 100 cm.

caritativos servicios del biberón, y el aguador, que concurría a la fiesta sin desprenderse de sus arreos y casquete de cuero. El leperito de calzón blanco y frazada al hombro y la figonera, cuya ropa estaba impregnada de un olor de frituras excitantes. El barbero, de pantalón largo y chaqueta corta, y la recamarera o criada, empleada en el servicio doméstico, de trenzas sueltas, enaguas de percal muy aderezadas y pañuelo de seda prendido al cuello. El indio petatero de Xochimilco, de calzón blanco arremangado y sombrero de palma, y la india juilera de Santa Anita, con una manta de lana azul rayada, enredada en la cintura, en vez de enaguas, *quechquemetl*, que le cubría pecho y espaldas, dejando expedito el uso de los brazos, y paño en la cabeza, llamado tochomite, y que le caía hacía atrás. En fin, allí se veían mezclados los diversos tipos del pueblo, sin que faltase el inválido con su pata de palo, el brazo en cabestrillo o un ojo cubierto con parche de seda verde, quien a pesar de sus achaques y estado calamitoso, daba libre curso a su contento y también solía tomar participación en el fandango, pues tal es la fuerza de voluntad humana. Algunos continuaban su excursión en las canoas, por los canales de las chinampas o camellones formados en medio del agua, en los que se proveían de frescas lechugas y de oloroso apio. Las chinampas, verdaderos jardines flotantes, ostentaban las simétricas plantaciones de su hortaliza y sus variadas flores, tales como las amapolas de encendido color, la azulada espuela de caballero, el disciplinado clavel, la retama de vivísimo color amarillo, los chícharos y alhelíes de variados colores y el dorado cempasúchil".

REVISTA-LIBRO BIMESTRAL
NÚMERO 20. AÑO 2008.

PRIMERA EDICIÓN, 1993.
SEGUNDA EDICIÓN, 2008.

DIRECCIÓN GENERAL: Alberto Ruy Sánchez Lacy, Margarita de Orellana.
GERENTE DE ADMINISTRACIÓN: Teresa Vergara.
JEFA DE REDACCIÓN: Gabriela Olmos, Magali Tercero.
JEFE DE DISEÑO: Manelik Guzmán.
DISEÑO: Víctor Espinosa, Yarely Torres.
COORDINADORA DE REDACCIÓN: María Luisa Cárdenas.
REDACCIÓN: Juan Carlos Atilano, Sergio Hernández Roura.
ASISTENTES DE REDACCIÓN: Inés Familiar, Nicolás Medina Mora.
EDICIÓN EN INGLÉS: Michelle Suderman.
TRADUCCIÓN: Carolle Castelli, John Page, Lorna Scott Fox, Rubén Gallo, Ann Leopold, Lucienne Marmase, Roberto Tejada.
CORRECCIÓN: Jaime Soler Frost, Elsa Torres.
DISEÑO ORIGINAL: Mónica Puigferrat.

ASESOR LEGAL EN DERECHO DE AUTOR: J. Ramón Obón León.
INSTITUTO DE INVESTIGACIONES ARTES DE MÉXICO. *Director:* Alfonso Alfaro.
PROYECTOS ESPECIALES. *Directora*: Mónica del Villar.

Artes de México es una publicación de Artes de México y del Mundo, S.A. de C.V. Miembro núm. 127 de la CANIEM. Certificado de Licitud de Contenido núm. 56. Certificado de Licitud de Título otorgado por la Comisión Calificadora de Publicaciones y Revistas Ilustradas núm. 99. Reserva de Título núm. 04-1998-061720262000-102 Como revista: ISSN 0300-4953 Como libro en encuadernación rústica: ISBN 978-968-6533-12-5 Como libro en pasta dura: ISBN 978-970-683-317-4. Distribuida por Artes de México e Intermex S.A. de C.V. Lucio Blanco 435, Col. San Juan Tlihuaca, 02400, México, D.F.

OCTUBRE DE 2008

FOTOGRAFÍA
Portada: Rafael Doniz
Interiores: Pablo Aguinaco: pp. 20-21, 26, 27, 28, 67. • Carlos Alcázar: pp. 32-33. Rafael Doniz: p. 62-63. • Víctor Espinosa: p. 52. • Gabriel Figueroa: p. 12. Fototeca INAH: pp. 41, 42, 45, 80, 83, 85, 88.
Franz Mayer / Cortesía Museo Franz Mayer: pp. 18, 19, 73.
Cortesía Brian Nissen: pp. 34-35, 36. • Marco Antonio Pacheco: pp. 43, 58-59.
Walter Reuter: pp. 23, 40. • Armando Salas Portugal: pp. 25, 29, 38, 53.
Enrique Salazar: pp. 6-7, 68. • Bob Schalkwijk: p. 3. • Jean-Gérard Sidaner: pp. 10-11, 16.
Cortesía José Terán: pp. 1, 4-5, 22, 65, 66.
Jorge Vértiz: pp. 8-9, 14, 15, 48, 49, 50-51, 57, 60, 61, 69, 70-71, 74. • Mariana Yampolsky: p. 55.

AGRADECIMIENTOS
Alejandra Moreno Toscano, Juan Gil Elizondo, Francisco de la Vega, Pablo Enríquez, Eduardo Fernández de la Meza, Alejandro González, Pablo Millán, Mónica Lozano, José Farías Galindo, Elsa Chabaud, Martine Chomel, Sergio Montiel, Francisco Regens, Julia de la Fuente, Enrique Cattaneo, Esteban Gómez, Alejandra Sánchez Figueroa.

ARTES DE MÉXICO
Córdoba 69, Col. Roma, 06700, México, D.F. • Teléfonos: 52(55) 5525 5905, 5525 4036,
Fax: 52(55) 5525 5925 • www.artesdemexico.com • artesdemexico@artesdemexico.com

IMPRESIÓN
Transcontinental Reproducciones Fotomecánicas, S.A. de C.V.
Impreso en papel Magno Matt de 135 gramos, y encuadernado en Encuadernadora Mexicana, S.A. de C.V.

ÍNDICE

Naret. *Azul*, 2000. Óleo sobre tela. 90 x 120 cm.

118
119
116
114
113
112
108
106
105
104
107
102
121
125
126
159
124
122
123
150
162
161
163
165
129
130
158
164
156
131
157
167
168
134
132
144
145
155
156
135
133
146
147
153
154
141
143
139
148
149
150
152
151
328
338
239
243
327
318
312
314
338
316
317
319
311
325
323
324
262
320
310
321
263
307
322
264
304
265
303
297
302
298
296
294
287
286

EDITORIAL

QUINTO ANIVERSARIO

Cada nueva edición de *Artes de México* es, para quienes la hacemos, un reto, una aventura, una labor íntimamente ligada a nuestros afectos. Es finalmente, cuando ya la vemos impresa y en las manos de nuestros lectores, un motivo de orgullo y, claro, para nosotros, la referencia necesaria para mejorar todavía, en la siguiente edición, nuestro trabajo. Es un reto porque desde el principio nos impusimos niveles de calidad que no se dan sin un gran esfuerzo. Sin una carga adicional de interés y dedicación por parte de quienes día a día, momento a momento, somos ahora *Artes de México.* Y en esto participan muy especialmente aquellos cuyo esfuerzo desde fuera confluye con el nuestro y nos da una más certera consistencia: impresores, encuadernadores, fotógrafos, distribuidores, libreros, asesores, clientes de números especiales, etcétera. Todos aquellos que, a lo largo de los años, han sido cómplices de nuestro proyecto. Porque para ellos, como para nosotros, no se ha tratado de una chamba más, sino de un proyecto que vale por su presente y por su futuro. Ya que, como todos lo sabemos, dará una buena parte de sus frutos a largo plazo. *Artes de México* en esto es como todos los proyectos culturales que, por naturaleza, requieren continuidad, es decir, el fruto de la obstinación, de la apasionada persistencia. Hacer cultura es cultivar: sembrar y cosechar. Siempre hemos sabido que, con un proyecto como el de *Artes de México,* estamos sembrando entre nosotros y en nuestro público la semilla de una exigencia de calidad cada vez más grande. Sembramos también el hábito del arte, el vicio de la belleza en todas sus formas, serenas o convulsivas. Sembramos la afición por las formas más notables de lo mexicano: las formas que surgen con arte de las manos. Y es un reto porque nunca faltan los obstáculos, de diferentes dimensiones y características. Pero hasta ahora, hasta el momento de escribir estas líneas, y a pesar de todos los impedimentos, no nos ha faltado la fuerza para continuar editando periódicamente, con un éxito cada vez más grande y tenaz, nuestra revista. Cumplimos varios años de retos: recorrimos ya un camino que, cuando comenzábamos, a mucha gente razonable le parecía imposible. Y ha sido una aventura y un trabajo lleno de emociones y placeres. También, como es natural, de disgustos y naturalmente de contratiempos, pero nunca de monotonía o de tedio. Nos entusiasma pensar que una buena parte de la pasión que ponemos en cada página es percibida por nuestros lectores de forma callada pero decidida, en el silencio convincente de sus formas impresas. Nuestro mayor reconocimiento sigue siendo el entusiasmo con el que un público cada vez más grande y más exigente recibe nuestras páginas.

ALBERTO RUY SÁNCHEZ LACY

Panorama de México a Puebla. A la derecha se encuentra Xochimilco, unido a la ciudad de México por el canal de La Viga. Mapa de Balbuena. Museo Nacional de Historia. Conaculta-INAH.

Páginas 6-7: Salvador Murillo. *Paisaje de Xochimilco*, siglo XIX. Óleo sobre tela. 25 x 32 cm. Colección particular. Cortesía Fomento Cultural Banamex.

EL JARDÍN DORMIDO

IMPRESIÓN DE XOCHIMILCO

HUGO HIRIART

Ésta es una breve semblanza de un lugar de la imaginación mexicana. El novelista y dramaturgo Hugo Hiriart hace en este artículo la descripción de un paraíso enteramente pensado, inventado y construido por el hombre en un lago. Un jardín florido pleno de veredas de agua y altos árboles que lo sostienen, a la vez que una obra maestra de la ingeniería hidráulica precolombina.

Fotografía de Gabriel Figueroa F.

La de Xochimilco es la historia de un jardín escondido, el *hortus conclusus* rescatado de la bárbara inquietud de los humanos. Un jardín mágico, tal vez, donde el tiempo se detuvo, un huerto antiguo y delicado que se quedó, como en los cuentos, dormido. Pero, ¿qué hay dentro en el jardín prodigioso y oculto? Imaginemos una historia de ciencia ficción: un joven naturalista descubre un extraño jardín claustral, un huerto donde los frutos crecen a sorprendente velocidad y se dan enormes y lozanos, el naturalista penetra al jardín con fractura y escalamiento y descubre los secretos de las técnicas agrícolas del futuro (mientras una extraña muchacha lo mira atentamente con sus rojas pupilas desde una alta ventana de la casa)... Así puede ser con Xochimilco, esta historia le cuadra, sólo que las técnicas agrícolas avanzadísimas no pertenecen a un futuro fantaseado y prometedor, sino a nuestro pasado precolombino. No exagero nada, el sistema de agricultura intensiva de las chinampas es una obra maestra del pensamiento tecnológico. Nuestros ancestros prehispánicos tuvieron un desarrollo muy desigual: fue pobre en materia de defensa de los derechos humanos, por ejemplo, o en metalurgia, pero enorme y asombroso en armonía ecológica y en ingeniería hidráulica y agrícola.

Páginas 10-11: Fotografía de Jean-Gérard Sidaner. 1993.

Xochimilco es el único testimonio vivo de una forma de vida que señoreó durante milenios en el Valle de México. Xochimilco no es un mero lugar, Xochimilco no *estaba ahí,* como una montaña, una selva o un glaciar, Xochimilco entero fue hecho por la mano del hombre, fue pensado, inventado y construido por la mente de ingeniero y de artista del agricultor precolombino.

Y qué paisaje configuraron. Esos caminos de agua entre los sauces, llamados ahuejotes, esa refinada fisonomía impresionista bajo la luz del alto valle, esa apoteosis de fertilidad y ese silencio reconfortante y severo donde tan nítidamente debieron oírse esos "dulces chasquidos, esas *xes,* esas *tles,* esas *ches",* del habla náhuatl influyendo con "suavidad de aguamiel".

Todo paisaje tiene historia y tiene explicación. Y por eso todo paisaje es un enigma explayado ante nuestros ojos. El paisaje de Xochimilco se lustra y aclara con esa idea piloto de Braudel de que en la historia pueden encontrarse varias capas o sustratos que operan simultáneamente. Son tres: la capa profunda y amplia donde están los condicionantes básicos, sigue una segunda capa más ágil que es la de las coyunturas históricas que caracterizan épocas o siglos, y, finalmente, nadando sobre lo profundo está la delgada espuma de los sucesos políticos de que nos suelen hablar los libros de historia, las guerras, los debates parlamentarios, los individuos actuando en su estrecho horizonte...

El paisaje de Xochimilco es sabio y esencial y, por eso, pertenece todo a la capa profunda de la historia y excluye de su configuración a las otras dos. La capa profunda es muy lenta en sus cambios, se modifica tan poco y tan gradualmente que parece que está inmóvil (mientras los otros dos estratos son progresivamente más frívolos y mudadizos, más expuestos a los vientos de lo temporal y perecedero). Xochimilco tiene ese gesto adusto y responsable de padre proveedor. A la llegada de los españoles, Tenochtitlán era una ciudad más grande y *postada* que cualquier ciudad europea (a excepción, tal vez, de Nápoles). Este esplendor es impensable sin el callado trabajo agrícola de Xochimilco, señorío sometido al imperio mexica.

Ahí están ya los datos esenciales del paisaje: trabajo agrícola y sometimiento a la metrópoli. Esa situación, que ya era antigua, no va a cambiar. Cambiarán la metrópoli y sus señores, pero no el huerto recatado que seguirá, como un bajo continuo nutritivo, posibilitando las veleidosas melodías de la historia.

¿Qué le importa al refinado agricultor de Xochimilco quién está mandando en la ciudad? Somos egocéntricos y narcisistas; como nos importa a nosotros, creemos que tiene que importarle a todo el mundo.

Xochimilco fue, primero y por corto tiempo, encomienda del inquieto *capo* Pedro de Alvarado, después fue república de indios (es decir, dependiente sin intermediarios de la Corona española), y siguió haciendo lo mismo. Fue lentamente evangelizado (aunque no sé qué espíritu pagano y politeísta flota aún en los canales), y siguió haciendo lo mismo. Pasaron los siglos virreinales y Xochimilco siguió haciendo lo mismo, no se le menciona, está cerca, pero escondido. Sobrevino la Independencia y siguió igual, haciendo lo mismo. Llegaron los vaporcitos y el paraíso agrícola seguía igual, sin cambiar. Finalmente don Porfirio lo descubrió como lugar turístico y Xochimilco pasó, casi bruscamente, de jardín escondido a representación emblemática, destilado de nacionalidad como el águila y la serpiente, los volcanes o la noche del 15 de septiembre.

La ciudad que durante tantos siglos no prestó la menor atención a su huerto aledaño, volvía ahora hacia él su turbia e insaciable mirada. Don Porfirio, el admirador, el divulgador de Xochimilco, quería triunfar donde fracasaron caciques y virreyes, presidentes y dictadores, quería someter las aguas del valle. Para eso construyó un moderno sistema de drenaje: se trataba de evitar para siempre las inundaciones, azote perpetuo de la capital, con el Gran Canal de Desagüe, y de abastecer de agua potable a la ciudad. ¿De dónde traen el agua para que circule por el moderno drenaje? Los manantiales de Chapultepec, el Desierto de los Leones y Santa Fe son ya in-

G. Rodríguez.
El pueblo de Iztacalco, 1869.
Grabado.
Biblioteca de Arte
Ricardo Pérez Escamilla.

suficientes. ¿De dónde? Los políticos entusiastas ponen los ojos en las aguas de los purísimos manantiales de Xochimilco. Ellos van a saciar la sed de la capital.

El crimen se consuma con un acueducto que mide 27 kilómetros de largo que conduce el agua de Xochimilco hasta las bombas de la Condesa. Así se inició la ruina del jardín encantado. Un dato curioso: la ciudad capta el agua de Xochimilco y le devuelve agua negra tratada a cambio de sus cristalinos manantiales; los campesinos reciben en la ciudad y sus industrias agua ya usada, inadecuadamente tratada y nunca en cantidad suficiente, y justamente en San Juan Acuexcomac, es decir, en el lugar que ocupaba el manantial más rico de toda la cuenca de México, hoy casi agotado por sobrexplotación, se alza una horrible planta de tratamiento de aguas negras... ¿Qué puede ilustrar mejor las siempre conflictivas relaciones del campo y la ciudad? ¿No es ese hecho una buena imagen de gran parte de lo que llamamos (o llamábamos) progreso nacional?

Pero hemos cambiado mucho en los últimos años. Que ha habido y que hay un cierto progreso moral, me parece una premisa indiscutible de toda salud mental y política. Ahora nos preocupa, como les preocupaba a los antiguos persas, la salud de los ríos, del aire, del mar y de los bosques. El jardín sitiado todavía resiste. Y es preciso rescatarlo. El trabajo ha comenzado: lo que lentamente se contaminó, lentamente tiene que descontaminarse. En Xochimilco, San Gregorio Atlapulco, San Luis Tlaxialtenalco, Tláhuac y Mixquic, en esos viejos nombres indígenas y españoles con tanta historia acumulada, ya empezaron a trabajar. Pero hay que estar vigilantes porque, como dice el aforismo, un poco variado: corta es la política y largo el proyecto de salvación.❀

Página siguiente, arriba:
C. Castro y J. Campillo.
El paseo de La Viga.
Grabado.
Biblioteca de Arte
Ricardo Pérez Escamilla.

Abajo:
C. Castro y J. Campillo.
El pueblo de Iztacalco tomado en globo.
Grabado.
Biblioteca de Arte
Ricardo Pérez Escamilla.

HUGO HIRIART, escritor y dramaturgo nacido en la ciudad de México. Ha colaborado en diversas publicaciones periódicas. Es autor de las novelas *Galaor* (Premio Villaurrutia 1972), *Cuadernos de Gofa* (Joaquín Mortiz, 1981), *La destrucción de todas las cosas* (1972), así como de los libros *Vivir y beber* (Océano, 1987) y *Disertación sobre las telarañas* (Fondo de Cultura Económica, 1988). Es también autor de diversos ensayos para niños y una gran cantidad de obras de teatro como *Ámbar* (Cal y Arena, 1989).

XOCHIMILCO, FUENTE DE HISTORIAS

ERWIN STEPHAN-OTTO

Xochimilco es uno de los tantos asentamientos que existen desde hace tiempo y que han podido sobrevivir hasta nuestros días, gracias a su conglomeración de tradiciones que van desde lo sagrado hasta lo profano. Tradiciones que han persistido siempre por su vigencia en el presente activo y revitalizador de los antiguos saberes y que han vivido un proceso de actualización y transformación para poder llegar a nuestro tiempo. Es por esto y por los documentos históricos, que se puede recordar que la primera tribu nahuatlaca se asentó en esa región y entró en contacto con los que vivían en la zona estableciendo un peculiar intercambio con sus vecinos; se sabe también que desde entonces se sucedieron cambios bruscos en la transformación del ecosistema, unos provocados por la mano del hombre y otros como parte de los fenómenos naturales. Sabemos que el hombre de Xochimilco resistió el embate de las condiciones de cambio de su medio ambiente, y que así se marcó en este devenir un entrecruzamiento entre el hombre y la naturaleza, que se esforzaban por reconstruir el orden que parecía desaparecer.

En la lucha constante que se dio desde los tiempos antiguos, los xochimilcas lograron hacer de las riberas de los lagos de Xochimilco y Chalco buenos lugares para la creación de espacios habitables y naturales y procuraron adquirir un conocimiento sobre el orden existente para mantener un equilibrio, pese a la explotación de una gran cantidad de productos. Este conocimiento no sólo se desarrolló en tierra firme para satisfacer las necesidades de sus pobladores, sino que también se llevó a cabo en los islotes de los lagos, donde se realizaron intercambios materiales y simbólicos entre los distintos grupos de cada lugar de la cuenca y de sus alrededores.

Los lagos se convirtieron en el lugar de tránsito para ir de un sitio a otro, para reducir las distancias que atravesaban en canoas. De esta manera fueron descubriendo las bondades del agua, y crearon toda una cultura de lo lacustre. Los productos del lago se convirtieron en el elemento fundamental de la dieta de los pobladores de las riberas. Se creó el sistema de producción agrícola, no de temporal, llamado chinampero, que consistía, al igual que en la actualidad, en unas camas hechas con la acumulación de material vegetal y todo lo entrelazado con las raíces del ahuejote, sobre el agua de los canales y con bordes de piedras que, además de proteger las chinampas, funcionaban como embarcadero para atracar las canoas.

A través de la chinampa productiva se desarrolla toda una cultura del agua, en la humedad y en la tierra fértil que es producto de la mano del hombre, pero de una mano benevolente que se va apropiando de la naturaleza sin romper con el equilibrio. La chinampa es protegida de los vientos por los árboles de ahuejote sembrados a la orilla de los canales, que además sirven para dar sombra a la siembra. Los bordes de piedra y ahuejotes hacen el límite entre una chinampa y otra, y en medio, a través de los canales, circula el agua y en los apantles, que son los canales más angostos, todavía hoy día pasa el xochimilca para obtener sus productos, que son dos o tres cosechas al año, más la posibilidad de intercambio con otros campesinos no sólo de productos agrícolas, sino de prácticas, creencias, conocimientos *habitus*, etcétera. Los xochimilcas se preocuparon por proteger su medio ambiente haciendo persistir la chinampería y el recorrido en trajinera y marcaron en ella una identidad regional. La trajinera les ha permitido adaptarse al medio ambiente y crear los procesos de la vida social, posibilitando las prácticas y el *habitus* de lo vivido en el largo camino de los siglos. Por eso el espacio de Xochimilco no se ha modificado como otros contextos de la cuenca de México. Hoy día continúa observando sus creencias, la tradición que está presente en todos y cada uno de sus habitantes, porque sus chinampas, sus canales, sus aguas, sus productos, sus costumbres y su grandeza se encuentran aún en todas partes: en sus flores (eso significa su nombre), en sus verduras, en el color de los sueños, en los aromas que se expanden por sus campos y canales, en las voces de aves que acompañan el croar de las ranas, en las gotas que se transforman en tormenta en los días de julio, en los hombres y mujeres emprendedores, y en la añoranza de seguir viviendo a través de los tiempos.❀

ᔕ

ERWIN STEPHAN-OTTO es antropólogo y sociólogo con estudios en la Universidad de Estrasburgo, en la Universidad de Trieste y en la Universidad Ludwig Maximilian de Munich. Es profesor en la Facultad de Ciencias Políticas de la UNAM. Publicó en 1993 *El ahuejote*. Actualmente es secretario del Patronato del Parque Ecológico de Xochimilco, A.C., y director del Parque Ecológico de Xochimilco.

Fotografía de Jean-Gérard Sidaner.

En estas páginas:
Fotografías de Franz Mayer.
1924-1925.
Museo Franz Mayer.

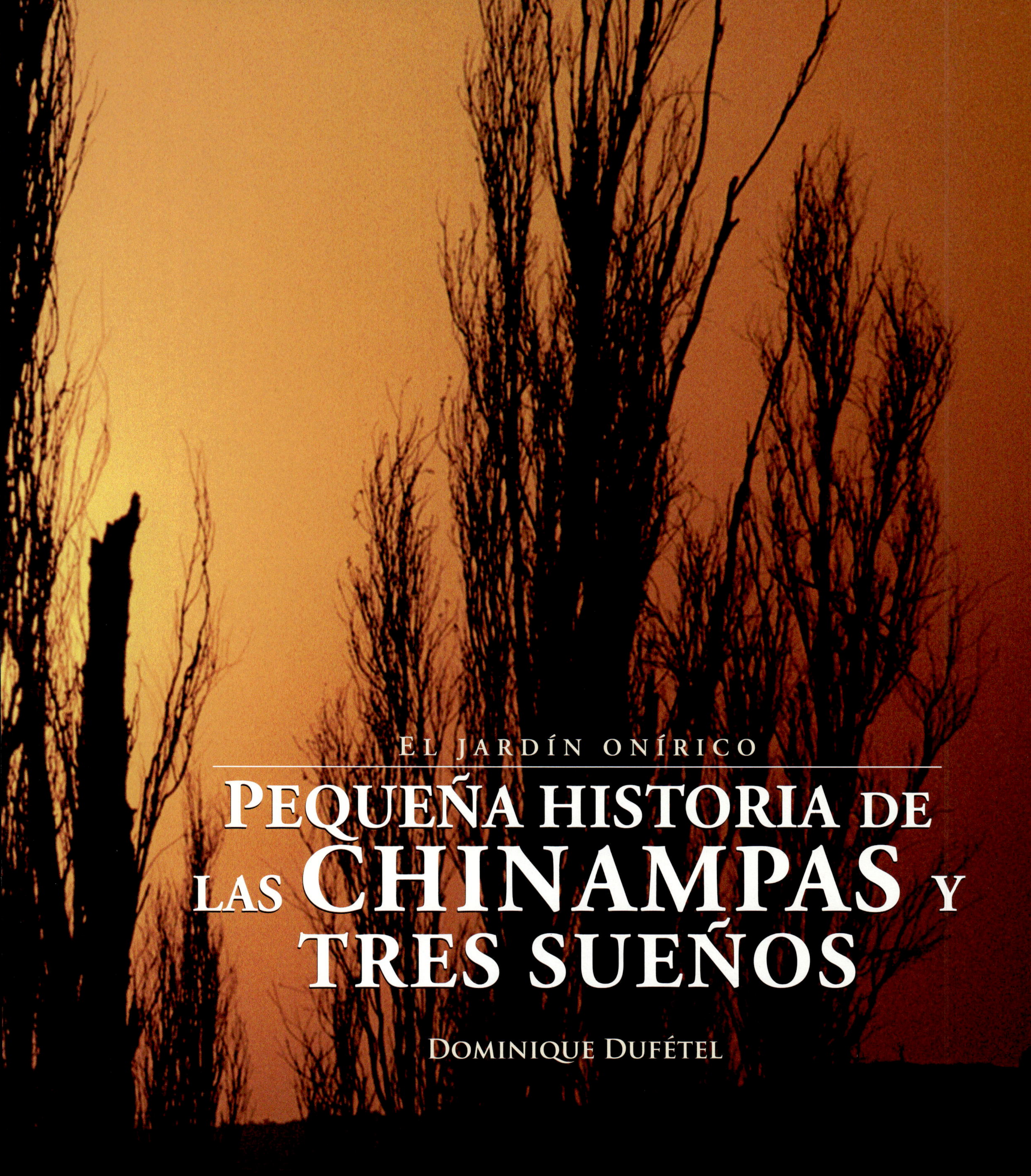

El jardín onírico

Pequeña historia de las chinampas y tres sueños

Dominique Dufétel

Para Dominique Dufétel, autor de este texto, el paisaje de las chinampas es el único paisaje agrario precolombino que llegó hasta nosotros. Por esta razón, el autor nos ofrece tres visiones, tres ensueños surgidos del ingreso a un territorio casi antiguo, casi sagrado, especie de isla suspendida y aún viva en el México actual. Gracias a su imaginación podemos aproximarnos a una forma de ver el mundo, a una forma de sentirlo y de expresarlo. Flores rojas, cercos vivos y aguas de misterio protagonizan estos tres sueños precedidos por una breve historia de las chinampas.

Naret.
Absara, 2000.
Óleo sobre tela.
90 x 120 cm.

El paisaje de las chinampas era un paréntesis de tierra y agua que se situaba en los confines del mundo de la aldea y el mundo silvestre de la laguna.

¿Qué podría significar la laguna para los primeros hombres que colonizaron sus riberas? Mar de fertilidad, fuente de vida. Pero también espacio inquietante —inmensidad y profundidad, lo desconocido—, espacio poblado de peligros y temores, cargado de sacralidad, fuente de oscuras leyendas como las que recorrían la antigua Europa cuando la cubría el bosque original, la *silva* de Dante. En Europa el bosque fue humanizado poco a poco, labor titánica de deforestación de los clérigos medievales. A la *silva* acuática de la cuenca de México el hombre primitivo opuso una obra: la chinampa.

Chinampa, *chinamitl*, o sea "seto vivo de cañas", o sea "terreno cercado de varas entretejidas", es la barrera contra lo desconocido, es un terreno construido sobre el agua, que la borró, reduciendo poco a poco su lisura, su extensión amenazadora. Pero el agua no estaba realmente abolida (no era ella lo que inquietaba, sino su extensión, su libertad, el temor siempre vivo del ribereño a la inundación): entre terreno y terreno se abrían intervalos húmedos. No se trataba, como en los pantanos marítimos de Europa, de ganar terreno al mar a toda costa: *polders* de los Países Bajos, Flandes, Picardía, Bretaña... Aquí hubo un compromiso, un diálogo entre el agua y la tierra porque los canales amaestraron el agua aprovechándola como medio de comunicación. Deslizamiento gozoso de lo pesado con el menor esfuerzo en un mundo que no conoce más animal de carga que el hombre. El resultado fue esa transición o paréntesis, ese espacio anfibio y ambiguo por naturaleza, como el ajolote que puebla sus aguas, su animal emblemático.

Esta forma de colonización del Valle de México no fue exclusiva de los xochimilcas en los bordes sureños de los lagos. Por las riberas del inmenso lago de Texcoco, y más tarde alrededor de aquel islote de la fundación mítica de Tenochtitlán, era práctica habitual la construcción de tierra sobre el agua para ampliar la aldea, para hacer la ciudad. Cada chinampa era una propiedad que encerraba una casa, un jardín, y sobre todo árboles, aquellos sauces blancos, los ahuejotes, que son los setos vivos del *chinamitl* y que, junto con la red acuática, dibujaban el paisaje de aquella ciudad lacustre.

Páginas 20-21:
Fotografía de Pablo Aguinaco.

Hasta la década de 1940 gran parte de las casas de Xochimilco se construían sobre chinampas. Poco a poco, con el torbellino de la modernidad, decreció el ritmo de la circulación acuática, los canales fueron rellenados y todo se volvió tierra firme. Pero en el paisaje urbano subsistió la huella de aquella red acuática, como la que aprisionaba a la antigua Tenochtitlán que sedujo al soldado Bernal Díaz: red, tejido, hoy huella, reliquia, el laberinto de los callejones que serpentean en los viejos barrios, laberinto de agua petrificada, asfaltada, muerta.

Las chinampas urbanas han desaparecido del Valle de México y con ellas toda una concepción de la ciudad —la ciudad lacustre contra la ciudad terrestre española. Sin embargo, las chinampas encontraron su máxima expresión en su modalidad rural. Ese paisaje rural formado por las chinampas que conocemos. Ese paisaje convertido en estampa trivial de Xochimilco es la parte visible de un mundo complejo de saber e imaginación originado hace cientos de años en una naturaleza bienhechora, un mundo que agoniza apenas en estos momentos.

La edificación de la ciudad lacustre

A lo largo de toda la costa meridional de los lagos de Xochimilco y Chalco, la naturaleza puso en las manos del hombre primitivo tres tesoros: aguas de poca profundidad, manantiales de agua dulce y vegetación acuática en abundancia. El hombre sólo tuvo que pensar —sin lugar a dudas aconsejado por alguna serpiente de agua que más tarde se convertiría en héroe cultural de toda Mesoamérica— en jalar, juntar y amontonar los espesos mantos de vegetación acuática hasta formar una cama vegetal sobre la cual extender la tierra fangosa del fondo del lago. Y así fijar bien la tierra, clavar estacas de ahuejote (todo alrededor para delinear como una cerca) que con el tiempo enraizarían y crecerían como árboles.

Sobre este campo artificial de extraordinaria fertilidad, el hombre sembró las plantas comestibles y las flores sagradas que requerían las innumerables bocas y las innumerables ceremonias de la gran Tenochtitlán; e ideó un sistema complejo de cultivo amoldando sus herramientas, sus movimientos y sus ritmos a la forma, a la naturaleza del paisaje que había creado. Parcelas de tierra ligera extremadamente alargadas con el objeto de que pudieran beneficiarse de un riego permanente subterráneo, orientadas todas en el mismo sentido y unidas por los caminos de agua circundantes. Pero el hombre de las chinampas no olvidó su mundo primigenio. Siguió pescando en los canales, o incursionando en el lago, el territorio de lo silvestre por excelencia —de lo sagrado por naturaleza—, para la caza de aves y la recolección del tule. Sólo más tarde el hombre se atrevería a subir cerro adentro, a colonizar el bosque, a hacerlo campo y terrazas de cultivo, a usar su madera, su leña.

La edad de oro de las chinampas coincide con el último siglo mexica y el primer siglo virreinal: entre 1400 y 1600. La conquista absoluta de la cuenca lacustre no bastó para derruir de la noche a la mañana el paraíso construido por generaciones de indios sobre principios estrictos. Frágil equilibrio entre las aguas dulces y las aguas saladas, entre el capricho de las intemperies y los ciclos de vida de cientos de plantas; la unidad de miles de familias; el compromiso sagrado con las deidades de los elementos de la fecundidad.

Pero poco a poco, a lo largo del siglo XVI, las chinampas desaparecieron paulatinamente casi en su totalidad, ahogadas por las crecidas aguas, podridas por la *silva* acuática de nuevo reinante. Sin embargo, el saber de la "chinampería" quedó intacto en la mente de los pocos sobrevivientes de las pestes, las migraciones y los trabajos forzados. Cuando se reanudó la construcción de las chinampas y el cultivo de las hortalizas y flo-

Fotografía de Walter Reuter.

Paul Fischer.
Xochimilco, 1886.
Acuarela.
49 x 27.5 cm.
Col. Particular.

res para abastecer la capital novohispana, pocas cosas habían cambiado: algunas especies nuevas, el abandono de otras, la transformación de algunas zonas en pastizales secos. Pero en general el español, pese (o gracias) a su horror por lo húmedo, no se metió con las chinampas, ni para desecarlas ni para controlarlas. Fue la gigantesca empresa de desagüe de los lagos —fruto de la cosmología española de lo seco— emprendida en el siglo XVII y que duraría más de tres siglos, la causa profunda de la lenta agonía de un sistema agrario cuyo fin estamos presenciando hoy.

El último estertor de ese organismo vivo ocurrió a principios del siglo XX cuando el prefecto de la región dio licencia a los habitantes para que recolonizaran la orilla sur de la laguna, tomando tierras y reconstruyendo chinampas. Esto significó, a decir de los propios habitantes, "el divino agarradero".

El paisaje de las chinampas es el único paisaje agrario de toda la América precolombina que llegó hasta nosotros. Es uno de estos milagros que ofrece a veces México, paralelamente a su capacidad de autodestrucción y su oscuro espíritu antidiálogo. Es una excepción, un enclave temporal, una isla cultural, un paréntesis afortunado.

Pero tratemos de entrar en este universo ambiguo y anfibio. Mezcla de naturaleza y humanidad, de sacralidad y de ritos cotidianos. Situémonos en un tiempo indefinido antes de su colapso final para ver y oír, oler y saborear el paraíso perdido.

Pocas civilizaciones han logrado realizar el paisaje de sus sueños, lo que puede explicar la necesidad de crearlo a través del texto o la pintura. La producción de obras de arte acerca de las chinampas siempre ha sido el fruto de una visión exterior, la visión del otro, la imagen y el mito del paraíso. El hombre de las chinampas no ha creado arte porque quizá, como decían los surrealistas franceses acerca del pueblo de México, el mundo que ha creado es tan estético que no necesita del arte.

Página siguiente:
Fotografía de
Armando Salas Portugal.
1989-1990.

Penetrar en el dominio de las chinampas es entrar en otra dimensión, sumergirse en otra concepción del universo, rozar con la yema de nuestros dedos profanos algo de la sacralidad del mundo antiguo.

PRIMER SUEÑO: FLORES ROJAS, *XILOXÓCHITL*

Bajo un cielo gris, tibio y sereno, entro, como deslizándome, por el río del sueño, en unos campos de flores rojas odoríferas que me rebasan —todo lo percibo desde una posición extraña, desde la superficie del agua—, que me fascinan y me asfixian. Una multitud de indias jóvenes cortan flores con gran destreza. Cantan pero sus voces apenas si llegan a mis oídos, apagadas por el exceso vegetal. Son himnos tristes cantados en un idioma extraño. Cientos de colibríes aletean por doquier libando flores. Cruzo silenciosas canoas cargadas con montones de amapolas rojas que conducen hombres vestidos de blanco. Una deliciosa angustia me asalta: esa paradoja que se cumple al oponerse la extrema fragilidad de la flor y el exceso floral que me rodea. Entonces comprendo que no me desplazo por un jardín de ornato, sino por un lugar sagrado. Tengo la sensación súbita pero muy viva de haber divisado, entre dos hileras de ahuejotes, una enorme piedra cuadrangular cargada de flores secas, de vegetación podrida que supura sangre. El olor a amapolas aturde cada vez más... Tumba cargada de cempasúchil en Día de Muertos o altar de sacrificios mexica. Ni un día de fiesta sin flores a montones. Pobre Xochipilli reducido a la condición de príncipe de las flores como personaje de un cuento de Andersen. Deidad de las flores y la música, del juego y de la fiesta. Pero la fiesta mexicana es sangrienta por naturaleza a la vez que lúdica; el juego final y máximo es el sacrificio humano y las flores son la sangre de los sacrificados. *Xochimitl,* flecha florida; *xochiyaoyotl,* guerra florida; *xochimicque,* muertos floridos. Muerte y resurrección.

Los guerreros muertos por sacrificio, los muertos floridos, renacen como colibríes y se nutren de la miel de las flores... Al final de mi

Fotografía de Pablo Aguinaco.

deslizamiento acuático se encuentra la noche. Los cantos llenan el templo de San Cristóbal y las amapolas parecen llamas rojas que rodean la figura de Cristo, Cristo sacrificado, Cristo destapado, resucitado. Afuera las jóvenes indias bailan. Fiesta del renacer: es lunes de Pascua, es lunes de amapola. Siento mi cuerpo hundirse en el perfume de tantas flores.

SEGUNDO SUEÑO: EL CERCO VIVO, *CHINAMITL*

A la luz ambarina de la tarde contemplo un paisaje que se estremece en su fragilidad. Me emociono ante esa visión. La vista entrecortada por las obsesivas hileras de ahuejotes no abarca más que un campo angosto, aunque alargado y separado de los campos contiguos. Es una visión intimista, que me da aún más seguridad si considero la sensación de aislamiento que procura el agua circundante, moviéndose imperceptiblemente. Sería una región silenciosa si no fuera por el constante rumor de la brisa provocado por los altos sauces que me rodean y, sin embargo, no he oído llegar al hombre que está bajando de su canoa. Embarcación plana que apenas toca la superficie del agua. Atranca la canoa a una estaca invisible ubicada entre los alcatraces que crecen a su antojo en la orilla. Antes de bajar bebe, de sus manos ahuecadas como un gesto ritual, un poco del agua del canal. Una vez purificado, pone el pie en la tierra negra. No parece verme. Yo no pierdo uno solo de sus gestos. No es un campesino común. Arremangándose los pantalones, sus pies descalzos no parecen pisar la tierra realmente, sino posarse simplemente. No tiene pesadez, la pesadez del hombre de la tierra. Ser más aéreo, ¿celestial?, y más acuático que terrestre. Quizá porque la tierra compacta y pesada, la tierra mineral, no existe aquí. Siento mi cuerpo flotar sobre una cama vegetal. Aquí, la apariencia del suelo es engañosa. Al tocarlo se siente la vibración del agua en sus entrañas. Caminar con zapatos conlleva el riesgo de sumirse, de estropear la obra que es este jardín. El hombre ha empezado a trabajar casi sin que yo lo advirtiera. Sus ademanes son exactos y silenciosos, utiliza un instrumento sencillo con el que hace pequeños agujeros equidistantes con una velocidad que raya en el virtuosismo. Este suelo esponjoso y negro, ligero y frágil como el suelo vegetal de las selvas tropicales, es tan fértil que no necesita removerse en demasía. Esta tierra no conoce el arado, tampoco el peso de máquina alguna, ni siquiera de un animal. El hombre no hiere la tierra con su trabajo, sólo la roza como los juegos de mano del ilusionista que parece no tocar los objetos. En vez de bajar en un atardecer cada vez más sangriento, para mi desazón la luz dorada se ha iluminado, se ha vuelto más blanca. De pronto me doy cuenta de que es mediodía. Este hombre que veo ahora, desconcertadamente cerca, separa con sus manos morenas los pequeños chapines de tierra negra que encierran las verdes plántulas listas para su trasplante. Ha estado trabajando desde la mañana y su frente brilla con las perlas del sudor.

Sigilosa, una pequeña chalupa se arrima al terreno y de ella baja una mujer que porta una canasta cubierta con un paño blanco. Veo a los dos hablar unos instantes, observando el campo, y la mujer regresa a su chalupa para irse por el agua. Rito cotidiano. El hombre sentado a la sombra de un sauce está comiendo. Su mirada vaciada por el esfuerzo de toda la mañana se eleva hacia el cielo blanco, llamada por el canto de una alondra que emprende su vuelo vertical en esta hora cenital. La mirada se pierde en los cielos, el verdadero horizonte de las chinampas. Contemplo este estirarse hacia arriba del sauce sobre el que, por momentos, siento mi cuerpo recargado. Siento flotar ese barco anclado, siento menearse ese mástil que me aturde allá arriba en las regiones celestiales donde el espíritu podría perderse. Pocos árboles he visto tan rectos, tan columnares como estas "columnas de jade": sostenes del mundo celeste, ejes del mundo terrenal. Ruidos de agua me devuelven a la tierra. El hombre en su canoa está regando su campo recién plantado. Con esta suerte de enorme cuchara de madera propulsa agua desde el canal a la chinampa en un movimiento de palanca de todo el cuerpo, ritmado y coreográfico.

La música de cientos de pájaros que despiertan parece irrumpir desde la profundidad invisible y frondosa de las chinampas. No logro acordarme en qué momento me encontré solo de nuevo. El frío húmedo de la madrugada de pronto me despertó. Entre jirones de niebla que se desgarran con los primeros rayos del sol, al ras del agua, veo pasar las primeras canoas del día. En esta hora indecisa apenas puedo divisar, desde lo alto de mi chinampa, el fondo de una canoa pasando junto a mí, llena de ajolotes todavía bullentes de una vida incierta.

Fotografía de Pablo Aguinaco.

Fotografía de Armando Salas Portugal.

Tercer sueño: el agua del misterio

Acompañado de voces jóvenes, exclamaciones y risas en un idioma espinoso y cantarín que no entiendo, penetro la noche sobre el agua con decenas de antorchas que no revelan más que nuestra ceguera. Sólo puedo imaginar el agua pura de la laguna donde progresamos. Es pues un acto de fe de todos nosotros. Será el chapoteo sutil de la pértiga en el agua el que nos hace creer esto —o el delicado escurrimiento en toda su longitud cada vez que sale del agua—, porque de asomarnos a las canoas, lo que nos revela el fuego de las antorchas es sólo negrura brillante, repulsiva viscosidad. Sin embargo, la tibieza del aire en esta noche de solsticio nos da confianza. Todos tenemos la seguridad táctica de que debemos realizar esto de noche, esta noche. Una luz ígnea alumbra ahora, desde lo lejos, la oquedad nocturna de la laguna. Otras canoas, otras antorchas llevadas por otras voces y el sonido místico de una flauta que llena el vacío.

No puedo recordar ahora el momento en que apagamos las antorchas (quizá en el agua; como una reafirmación de la supremacía del agua sobre el fuego, tan menospreciado en estas tierras), y luego nos desnudamos y nos sumergimos en el elemento bienhechor. Sólo sé que nos encontramos ahora en otra realidad, más cercana a la del ajolote, más cercana a lo desconocido que venimos a buscar aquí en esta noche en que los mundos se tocan y podemos sentir el misterio de las aguas.

La última sensación que conservé del mundo fuera del agua, en el momento en que se cumpliría para mí la purificación absoluta, fue ese grito desgarrador que recorrió la superficie de la laguna antes de perderse en la espesura de las chinampas, cercenando el dulce soplo de la flauta y anunciando la visión confusa de una mujer corriendo sobre las aguas, de donde se había retirado toda forma de vida humana.❀

ᔕ

Dominique Dufétel es traductor y escritor de cine, originario de Francia, donde estudió letras hispánicas, ciencias de la educación y sociología de América Latina. Escribió varios guiones para documentales etnohistóricos sobre las chinampas y el pueblo de Xochimilco. Ha colaborado en numerosas producciones documentales y algunas de ficción sobre arte y cultura en México. Es investigador y escritor de la serie de videos *Ciudades del México antiguo*. Ha publicado traducciones en las revistas *Esprit, La Revue du Cinéma* y *Diálogos.*

Página anterior: Fotografía de Pablo Aguinaco.

El jardín de los dioses

LEYENDA DEL AHUEJOTE

Rodolfo Cordero López

Se cuenta que, en el principio de los tiempos, Chalchiuhtlicue, compañera de Tláloc y hermana de Quetzalcóatl, se convirtió en la diosa sol para dar calor y vida a los hombres de la tierra, los macehuales. Sin embargo, se trataba de un sol débil, cuya escasa luz y excesiva tranquilidad comenzaron a inquietar a los demás dioses del Omeyocan, deseosos de ser soles ellos también y de reinar entre los pueblos del Tlactípac. Así, estos dioses que tenían corazón y pensamiento de hombres comenzaron a perturbar la vida de la tierra, y con ánimo beligerante movieron las montañas y agitaron las aguas. Tezcatlipoca, el espejo humeante, desató las lluvias y dejó que las aguas torrentes arrasaran todo. Ilhuícatl, el cielo, fue crispado por las tempestades, y los lagos y ríos crecieron hasta inundarlo todo. La lucha entre Tezcatlipoca y Chalchiuhtlicue sepultó la tierra bajo las aguas. Un día Ilhuícatl, el cielo, cayó a la tierra y entonces los macehuales perecieron o se convirtieron en peces. De esta forma terminó el periodo solar de la diosa de falda de jade y la tierra permaneció silenciosa durante largos años.

Como los otros dioses vieron que el cielo había caído sobre la tierra y que el sol se había detenido, acordaron poner de nuevo a Ilhuícatl en su lugar. Y entonces se trazó un plan: construir cuatro caminos en la tierra para que cuatro hombres, que serían creados con tal fin, penetraran en ellos y levantaran el cielo. Quetzalcóatl y Tezcatlipoca decidieron descender de su morada estelar y convertirse en árboles. Quetzalcóatl quiso ser un sauce vestido de plumas color verde esmeralda, y tomó por nombre el de *quetzalhuéxotl,* el árbol hermoso como un ave verde esmeralda que descendiera y se hundiera en la tierra negra y se aferrara a las profundidades con sus poderosas raíces: el ahuejote xochimilca que crece a las orillas de las chinampas y que en el tiempo mítico se multiplicó en las tierras acuosas de la zona.

Tezcatlipoca optó por transformarse en árbol espejo, el árbol cuya imagen se refleja en el agua transparente de los acalotes y las lagunas: el *tezcáhuitl* o ahuejote que, bajo cierta ilusión óptica, parece hundirse en lo profundo y sostener el cielo reflejado en las aguas.

Finalmente, con la contribución de Cotémoz, Itzcóatl, Izmalli y Tenesuche, los cuatro hombres creados por los dioses, el cielo fue devuelto a su lugar. Y, junto con las estrellas, las *citlallis,* hermoso complemento en lo alto del cielo, se convirtió en el custodio del firmamento y juntos construyeron un camino que conduciría a la morada del señor de los dioses, Ometecuhtli: la Vía Láctea que llevaba al Omeyocan y que hoy se refleja en las aguas oscuras del acalote de Cuemanco.

El último paso fue devolver su sol a la tierra. Tezcatlipoca se convirtió en el astro solar y dio nueva vida al planeta.❀

∽

Rodolfo Cordero López es investigador originario de Xochimilco. Es egresado de la Escuela Nacional de Maestros. Fue colaborador en el periódico *El Día.* Ha publicado *Santiago Apóstol y el heroísmo en Xochimilco*, 1991, y *Mitos y leyendas de Xochimilco*, 1992, y ha colaborado en la revista *Rescate*.

IMÁGENES

ALEJANDRO GONZÁLEZ

Haikú de abril

Buscan la tarde
canoas amarillentas:
¡con el sol arden!

ᔕ

Intrusa

Es marzo.
Es noche.
La Luna es una intrusa en los canales.
Es, sobre las chinampas, como una neblina luminosa.
Los ahuejotes forman valladares interrumpidos por claros.
La mansedumbre del agua es una entrega al lirio que la asfixia en silencio.
Hay pastura, suelo dormido, azolve,
riberas desvaneciéndose, alimañas, cuartos sórdidos
y, sin embargo,
La Luna.

Montserrat Aleix. *Xochimilco.* Óleo sobre tela. 80 x 70 cm. Cortesía Galería Pecanins.

EL JARDÍN FORTALEZA

LOS JARDINES FLOTANTES DE BRIAN NISSEN

ALBERTO BLANCO

El que no haya visto los bellísimos jardines que hasta en tiempos presentes cultivan en modo del agua, y la facilidad con que los transportaban a donde querían, calificará de patraña este suceso.

Francisco Xavier Clavijero

[...]mitl grande, 1996.
Técnica mixta.

Si algo distingue el desarrollo del trabajo de Brian Nissen es su coherencia. Desde sus inicios y hasta sus obras más recientes, el arte prehispánico ha sido una fuente inagotable de inspiración para este artista que ha captado la esencia de algunos aspectos formales únicos de las culturas mesoamericanas. Tal vez su origen europeo ha facilitado esta labor, al permitirle ver con una mirada penetrante y completamente fresca las creaciones de los antiguos mexicanos. Son pocos los artistas nacidos en México que se pueden ufanar del mismo logro. La lección del enorme escultor inglés —Henry Moore— es, en este sentido, ejemplar.

Pero, ¿cómo es que Brian Nissen, un artista contemporáneo, inglés de nacimiento —como Moore— y casado con una artista catalana —Montserrat Pecanins— que radica en una de las calles más bravas y pintorescas del Soho, en Nueva York, se ha interesado tanto por las chinampas de Xochimilco? Yo creo que es *la forma* de las chinampas y su relación con las formas de obras anteriores —sobre todo sus esculturas— lo que podría explicar —al menos en una buena parte— este interés. Por otro lado, *la idea* de una huerta flotante, que se puede hacer extensiva a una serie de construcciones flotantes —casas, edificios, pueblos y ciudades completas— y que se convierte en un eco de la fundación mítica de Tenochtitlán, parece sugerir una larga serie de ricas asociaciones conceptuales. No hay que descartar las implicaciones históricas que esta peculiar forma de cultivo conlleva.

Es de llamar la atención que —al igual que en el caso de su ancestro artístico, Henry Moore— Brian Nissen combina la inspiración de las formas majestuosas de las pirámides y las grandes esculturas labradas en piedra por los antiguos mexicanos, con una realización rápida mediante la técnica del modelado a mano. Una curiosa mezcla de escultura y cerámica que toma lo mejor de los dos mundos: "La diferencia entre la talla y el modelado —las palabras son de Moore— es que este último es más veloz y, por lo tanto, ofrece mayores posibilidades de hacer a un lado las propias ideas".

¿Y qué tanto ha hecho a un lado sus propias ideas Brian Nissen en estas chinampas de barro y de bronce? Es difícil saberlo. Lo que sí se puede ver es que estas esculturas gozan de una contagiosa alegría creativa: las formas son tan libres que de pronto nos hacen pensar, más que en jardines flotantes, en jardines de niños. Sin embargo, no hay que llamarse al engaño; la aparente facilidad de estas piezas es el fruto de largos años de reflexión y de trabajo. En cierto sentido, estas

Página anterior:
Metapantle, 1996.
Cerámica.

chinampas se podrían describir como fragmentos flotantes, *islas a la deriva* (el título de uno de los libros "anónimos" de José Emilio Pacheco) escapadas de un paisaje fantástico de Yves Tanguy. Otra manera de describirlas sería diciendo que nos encontramos en presencia del encuentro fortuito de los restos de la Atlántida y las ruinas de la modernidad en una ciudad que, a falta de mejor nombre, he de llamar Manhatitlán.

Los jardines flotantes de Brian Nissen se desplazan como islas de sentido a la deriva... como ingrávidas chinampas en el horizonte de un códice... pero, ¿de veras flotan a la deriva las chinampas? Los testimonios son encontrados. Tanto Clavijero como el padre Acosta, Humboldt, Orozco y Berra así como Santamaría describen chinampas flotantes. El padre Ponce, Alzate y Ramírez y Torquemada describen con lujo de detalles la manera en que las chinampas eran construidas y no dudan en calificarlas como islotes artificiales, varados en el fondo cenagoso de lagos y lagunas. Y las chinampas de Nissen, ¿diremos que flotan o que están quietas? Como toda obra de arte digna de su estirpe, estas esculturas de Nissen responden a su manera en el lenguaje de las paradojas: flotan y están quietas, se desplazan a gran velocidad y no se mueven; el vértigo de su fijeza apunta siempre en otra dirección.

Con la salvedad de algunas piezas que se asientan sobre un fondo arenoso, y del proyecto para seis grandes bronces instalados sobre una enorme plancha de mármol negro y una película de agua, casi todas las chinampas de Nissen flotan sobre la base de un espejo oscuro (¿espejo que humea?) que a su vez se asienta en una base de madera. El espejo lleva dos planchas de vidrio transparente encima, con lo que se produce un suave juego de reflejos. Por otro lado, todas las piezas conservan de las chinampas la forma alargada de la base cuadrilonga y transportan en un desorden concertado toda suerte de formas que lo mismo aluden al reino vegetal que al mineral o animal. Tal vez estos jardines flotantes de Nissen sólo transportan para nuestra recreación, a fin de cuentas, sueños: formas puras del reino imaginal.

La sencilla y sorprendente solución formal que Brian Nissen ha desarrollado en estas esculturas tiene unos cuantos antecedentes en las artes tradicionales (pienso en algunas maquetas prehispánicas de barro) y muy pocos paralelismos entre las obras de los escultores contemporáneos. Curiosamente los pocos ejemplos que se me ocurren provienen de las islas británicas o bien de la vecina Francia: algunas piezas de la escultora inglesa Barbara Hepworth, inspiradas en grupos de personas; las reconstrucciones arqueológicas de Anne y Patrick Poirier, una pareja de escultores franceses que producen poéticos *collages* arquitectónicos; y las obras en bronce de otro escultor inglés, Michael Sandle, cuyas tumbas, vehículos y puentes tienen siempre —como en el caso de Nissen— el carácter de modelos o maquetas de grandes momentos por construir.

Sin embargo, más que en obras de escultores, estas chinampas me hacen pensar en la obra de algunos pintores. Creo que no sería exagerado decir que se puede ver en las piezas de Brian Nissen el desarrollo en tres dimensiones de algunas de las premisas básicas del llamado *action painting*: si la superficie de las obras de los pintores de la escuela de Nueva York servía como una arena donde se desarrollaba el acto, el espectáculo, el drama o la fiesta de la pintura, otro tanto se puede decir de las plataformas que dan unidad a esta serie de chinampas de Nissen: la base no es más que la arena que da sustento a lo que sucede en su escultura: es al mismo tiempo acto y huella, historia y testimonio de la historia, juego de niños y meditación zen. Evidencia de un acto poético y fundación mítica de una ciudad a la deriva del tiempo: fija en la tierra del instante por la gracia y el peso específico de su propia fugacidad. ❀

ꙮ

Alberto Blanco es poeta y ensayista. Sus poemas han aparecido en múltiples publicaciones nacionales e internacionales. Colaborador constante de *Artes de México*, ha publicado *Cuenta de los guías, El libro de los pájaros, La sombra de cada día, El corazón del instante* y los libros *La sirena del desierto* y *Medio cielo*, de la colección Libros del Alba de Artes de México.

Hace ya algún tiempo que comencé a hacer chinampas en bronce. Poco a poco he continuado mi exploración del tema desarrollando una serie de esculturas en otros materiales y técnicas, principalmente en cerámica. La idea de la huerta flotante en una isla me atrajo mucho. Ella me sugiere alguna de las premisas básicas del *action painting,* donde la superficie delimitada del cuadro sirve como área o arena donde sucede el acto de pintar. Así, la pintura es la huella y el testimonio de lo sucedido. Evidencia de un acto poético. Y los bordes de la tela marcan los límites de esa acción.

Las chinampas para mí son también terreno demarcado en el que algo sucede. En las chinampas reales sucede la agricultura. La gente cultiva en ellas y, ocasionalmente, levanta un altar. En mis esculturas he hecho uso del formato de isla fabricada, de área demarcada donde lo que sucede son más bien formas y espacios. Algunas formas orgánicas: vainas, semillas, plantas, raíces; otras arquitectónicas: rampas, bardas, recintos, caminos, altares. Estas esculturas son, de alguna manera, paisajes. Pero son paisajes encerrados. Las esculturas islas flotan sobre espejos oscuros, son reflejos flotando. La memoria del agua encierra así un hecho escultórico.

Brian Nissen

EL JARDÍN VIRREINAL

EL ARTE RELIGIOSO DE XOCHIMILCO UN RECORRIDO

CARLOS FLORES MARINI

Considerada como una ciudad desde 1559, Xochimilco contó siempre con una excepcional presencia religiosa, sobre todo de franciscanos como fray Martín de Valencia, fray Pedro de Gante, Motolinía, fray Andrés de Olmos y fray Bernardino de Sahagún. En 1535 fray Francisco de Soto inició la construcción de la parroquia de San Bernardino, cuya descripción se hace en este texto. De esa época data el hermosísimo retablo, considerado como joya renacentista, así como las capillas y parroquias diseminadas por toda la delegación de Xochimilco: de Santa María Tepepan a San Gregorio Atlapulco, cuyo recorrido nos propone el autor.

Fotografía de Walter Reuter.

De gran importancia para el abasto de la ciudad de México, Xochimilco fue elevado al rango de ciudad al iniciarse la segunda mitad del siglo XVI, en 1559. Esto hizo que, paralelo a su desarrollo agropecuario, se diera también un desarrollo económico y cultural. Para propiciar cacicazgos que tenían como finalidad consolidar la nobleza indígena y afianzar su alianza con los grupos dirigentes que encabezaban los antiguos *tlatoanis*, Hernán Cortés otorgó diversos cacicazgos en Xochimilco a las más importantes familias de la naciente sociedad. A la familia Mendoza Austria Moctezuma, descendiente del último emperador, le otorgó uno de estos cacicazgos, como también lo hizo con los Téllez Cortés, descendientes de don Diego Cortés, indio principal de Xochimilco, bautizado por el propio conquistador en 1529. Recibió otro cacicazgo el indio principal Martín Cortés Cerón y Alvarado. Estos cacicazgos reafirmaban la política territorial española tendiente a conservar e inclusive acrecentar la propiedad indígena fuera de la traza, pretendiendo con esto disminuir la presión sobre la zona de la nueva ciudad española erigida en terrenos ocupados anteriormente por muchos de los nobles indígenas.

Página 38: Fotografía de Armando Salas Portugal. Calle del barrio de Tepepan. 1979-1980.

Xochimilco contaba en sus inicios virreinales con tres porciones indígenas que posteriormente se cambiaron por cuarteles y corregimientos. Fueron Tecan, ubicado en la parte central de la ciudad, Tepetenchi en las orillas de las montañas, y Olac, en los alrededores hacia donde había casas dispersas. Esta disposición original tuvo múltiples cambios en la época virreinal, aumentando siempre el número de barrios identificados aún hoy día por sus oficios, para llegar a 17. La actual delegación incluye catorce pueblos.

Dado en encomienda a Pedro de Alvarado, Xochimilco vio pronto la influencia de la nueva religión y a él llegaron los más distinguidos y esforzados misioneros franciscanos, como fray Martín de Valencia, quien en 1525 inició su labor espiritual en la zona, apenas un año después de haber arribado a las costas mexicanas al frente de los doce primeros frailes evangelizadores. Después de este eminente sacerdote, pasaron por Xochimilco los más ilustres franciscanos de la época, desde fray Pedro de Gante y Motolinía hasta fray Andrés de Olmos y fray Bernardino Sahagún, quien tuvo como uno de sus informantes al nativo Mateo Severino. Sin olvidar a personajes tan importantes como fray Francisco de Soto, que inició la construcción de la parroquia de San Bernardino en 1535, y a fray Jerónimo de Mendieta, que en 1575 formó los siete primeros barrios. Humanistas todos, sin duda influyó ello en la formación intelectual de varios indígenas xochimilcas, entre los que destacó Juan Badiano, que en 1552 tradujo al latín el escrito realizado en náhuatl por Martín de la Cruz, y que hoy conocemos como el *Códice De la Cruz-Badiano*; integrado a nuestro patrimonio cultural gracias a la donación que el papa Juan Pablo II hiciera al pueblo de México durante una de sus visitas a nuestro país. La sabiduría de Badiano lo llevó a vencer la resistencia española que tenía al indígena como inferior, al ser reconocido su talento con el nombramiento de catedrático en el famoso Colegio Imperial de la Santa Cruz, institución educativa fundada a raíz de la Conquista en Santiago Tlatelolco. Dadas sus características de pueblo indígena dedicado íntegramente a la agricultura chinampera, de la cual dependía un gran porcentaje de la alimentación de la capital de la Nueva España e inclusive de ciudades del interior, en Xochimilco las construcciones civiles fueron de carácter utilitario, con escasos méritos artísticos, aunque sí tuvieron sus edificaciones religiosas y sus mobiliarios. Así, no existe pueblo que no tenga su parroquia, capilla o ermita, según sea su importancia, que se haya empezado a levantar desde el inicio de la evangelización, siendo los primeros cinco años un periodo de iniciación catequizadora. Esos ejercicios debieron llevarse a cabo en explanadas al aire libre, precedidos por una construcción perecedera, seguramente de un simple techo de palma sostenido por cuatro troncos, bajo el cual se llevaban a cabo los primeros actos religiosos y donde, a partir de 1535, se inició la construcción de la parroquia de San Bernardino de Siena.

Proyectada originalmente con techumbre de bóveda en el presbiterio y alfarje de madera a lo largo de la nave, estos elementos se mantuvieron hasta fines del siglo XVII, ya que en 1696 el cronista Betancourt todavía vio el artesonado. Años más tarde, quizá por su deterioro, se cambió la techumbre de madera por la bóveda actual y se construyó la cúpula ochavada de aire brunelesquiano que, por su gran masa, obligó a la colocación de recios contrafuertes, uno de los cuales invadió el claustro. Según una inscripción en su fachada, su portada se terminó en 1590, año en que pensamos la iglesia quedó concluida. Antes de la terminación de la portada principal, la entrada frecuente debió haber sido por el lado norte a través de la llamada puerta porciúncula, que a partir de ese momento empezó a cumplir su función específica de ser cerrada con un muro, derribado en ocasiones solemnes para el otorgamiento de indulgencias. Durante el lapso de 1551, año de la terminación de la porciúncula, a 1590, año de la terminación de la portada principal, debió ser frecuente el uso de la capilla abierta-balcón, localizada en alto sobre un grueso machón en la misma orientación norte de la porciúncula.

El convento, edificado hacia 1585, luce el típico claustro de dos plantas con techumbre de

Convento de Santa María de la Visitación, Tepepan.
Fototeca del Instituto Nacional de Antropología e Historia.

viguería que descansa sobre la doble arquería de esbeltas columnas. Sus muros aún conservan restos de pintura de carácter manierista, desgraciadamente repintados. Funcionó como casa de estudios, contó con maestros tan famosos como Marcos de Niza en artes y Juan Lazcano en oficios. Este último fue el constructor de la iglesia cercana de Tepepan (1612-1621), donde se conserva el único ejemplar conocido de pila bautismal en barro cocido, de 1599. Después de la secularización del convento, el colegio siguió en funciones hasta 1850, cuando sus feligreses sumaban 11 986.

Si bien las portadas del templo tienen alto mérito artístico, sobre todo las de la porciúncula, plateresca de inspiración manuelina, y la principal, de severo corte renacentista, su interior es el que deslumbra al visitante. Flores y clavos con calaveras de ascendencia prehispánica puestos en contrafuertes interiores hacen contrapunto con los diversos retablos del interior, que van desde fines del siglo XVI, como el primero de la izquierda, hasta otros de los siglos XVII y XVIII, como el de la Virgen de Guadalupe. Éste tiene en su segundo cuerpo un estupendo san Sebastián del siglo XVI, mencionado por Mendieta en su *Historia eclesiástica indiana* como una de las imágenes que, en 1755, siendo él guardián del convento, se tomó "como abogado" para quitar la peste que azotaba en toda la Nueva España. Con este motivo se levantó un altar ya desaparecido y del cual sólo se conserva esta imagen. Sobre el presbiterio se han colocado los restos de la sillería barroca del coro, que da un digno complemento al retablo del siglo XVI.

La joya de este conjunto es el gran retablo renacentista que preside la iglesia. Forma, junto con el de Huejotzingo y el recientemente restaurado de Cuauhtinchán, la trilogía de retablos mayores del siglo XVI que aún conservamos.

Está compuesto de siete calles y cuatro cuerpos. Alternan cuatro calles de esculturas con dos de pinturas, y una calle central donde se encuentran los puntos focales de su composición iconográfica de estructura piramidal. Ya Tovar de Teresa ha hecho notar la errónea posición del crucifijo, que altera la composición, pues debiera estar inmediatamente debajo del Padre Eterno que remata el retablo. Las esculturas, salvo la Virgen de la Asunción, mal restaurada, son de magnífica factura, fuertemente relacionadas con la escuela andaluza y posiblemente obras de Luis de Arciniega. Las pinturas con escenas de la vida y muerte de Cristo parecen ser obra de Baltasar de Echave Orio, 'El Viejo'. En la parte inferior del magnífico relieve de san Bernardino de Siena aparecen diversos personajes, dos de ellos posiblemente indígenas principales de Xochimilco, en actitud de oración, a los que acompañan otras figuras de corte muy peninsular, como la que sobresale tras el indígena masculino que parece un recio franciscano de barba y escaso pelo. Todo este majestuoso retablo se encuentra desplantado sobre una predela en la que los doce apóstoles dan sustento iconográfico a la composición complementada por los doctores de la Iglesia, predicadores, fundadores de órdenes, mártires y ascetas.

Frente al retablo de la Virgen de Guadalupe, arriba de la puerta que comunica la sacristía, hay una buena copia de la crucifixión de san Pedro, cuyo original está en Santa María del Pópulo en Roma, y es obra del Caravaggio. Ésta parece ser de Juan Sánchez Salmerón. Dentro del conjunto de pinturas del templo sobresale la gran

Vista norte de San Bernardino de Siena. Fototeca del Instituto Nacional de Antropología e Historia.

Página anterior: Santiago de Tepalcatlalpan. Fototeca del Instituto Nacional de Antropología e Historia.

pintura mural que representa a san Cristóbal y que se encuentra sobre la puerta lateral. Símbolo de buenaventura, la figura de san Cristóbal tuvo múltiples representaciones durante la época virreinal y, a pesar de la prohibición expresa del Sínodo de Cambray (1965), en México la imagen se continuó colocando tanto en el exterior como sucede en Santiago Tianguistenco, como en los interiores donde la representación de san Cristóbal va desde el pequeño tamaño que ostenta en el claustro alto de Oxtotipac, Estado de México, hasta las piezas monumentales que se encuentran en Tlatelolco, Yanhuitlán y Xochimilco.

La parroquia de San Bernardino de Siena es sólo el inicio de una serie de capillas y parroquias que, diseminadas por toda la actual delegación de Xochimilco, el visitante encuentra a su paso. Recorrer sus pequeños poblados y admirar el mérito de su arte religioso nos hará ver que, en las goteras de la gran metrópoli, aún se pueden encontrar la paz y el sosiego perdidos en la capital.

De Santa María Tepepan a San Gregorio Atlapulco, un paseo virreinal

Antes de llegar a la población de Xochimilco, visitemos Santa María Tepepan, con su parroquia de 1599. En ésta podemos admirar el tríptico de su altar mayor formado por los restos de tres antiguos retablos existentes en la iglesia y colocados en el presbiterio el año de 1970. Al centro del mismo, una imagen en piedra de san Francisco sostiene el mundo, donde se apoya una magnífica imagen del siglo XVI de la Virgen con el Niño. La joya del templo es su pila bautismal de barro, fechada en 1599, recuperada en 1968 por el doctor Francisco de la Maza de manos de un anticuario que la usaba de cenicero.

Merece mencionarse la antigua hacienda de la Noria, hoy propiedad de Dolores Olmedo, singular personaje de la vida político-cultural en nuestro país, que ha donado su colección existente en el interior y que es sin duda la más completa de la obra del pintor Diego Rivera, aparte de otros objetos de arte dignos de admirarse.

En el mismo pueblo de Xochimilco vale la pena visitar varias capillas, como la del barrio de Xaltocan, con su fachada barroca del siglo XVII y que en su interior guarda un buen retablo, mueble del siglo XVIII, con pinturas alusivas a la Pasión de Cristo, así como una escultura dedicada a san Cristóbal y que se ve inspirada en la que está pintada sobre la puerta lateral de la parroquia de Xochimilco. Ésta, del siglo XVIII, necesita ser correctamente restaurada. De esta iglesia procede el nicho que hoy ocupa la parte central del retablo mayor de la parroquia y que también es del siglo XVI. En la sacristía hay un espléndido cuadro, pintado como exvoto en 1752 y firmado por José de Páez.

En la reformada iglesia del barrio de Belén se conserva un dramático Cristo atado a la columna, sangrante, con el codo y las costillas al descubierto.

En el barrio de San Pedro se conserva la construcción más antigua del Xochimilco virreinal, edificada en 1530 como capilla posa, actualmente es una capilla dedicada a san Pedro apóstol, con una torre ya del siglo XVIII. En una reciente restauración se le retiró el aplanado de la fachada con el material a la vista.

Dos amplios recorridos nos permitirán tener una visión completa del patrimonio monumental religioso de la delegación Xochimilco. El primero nos llevará hasta la parte más alta a admirar una soberbia vista del valle y sus canales (si el *smog* lo permite) desde San Francisco Tlanepantla; este recorrido inicia en Santiago Tepalcatlalpan donde, aparte de la parroquia de 1770, encontraremos seis pequeñas construcciones que, diseminadas por el poblado, semejan las capillas posas y cuya función debió ser de humilladeros familiares, con diferentes decoraciones. Parecen pertenecer al último tercio del siglo XVII o al primero del XVIII y hoy forman parte de habitaciones privadas.

La parroquia conserva obras interesantes en su interior, como el tradicional Santiago que le da advocación. Aquí hay dos y son obra del siglo XVIII. Hay también una singular Virgen de Guadalupe y varias imágenes estofadas del siglo XVII que probablemente pertenecieron a un antiguo retablo. Un gran óleo en la sacristía tiene por tema los sacramentos y está firmado por Hipólito de los Olivos en 1720. Por San Mateo Xalpa llegaremos a San Francisco Tlanepantla para después admirar el paisaje y visitar el templo de sencilla portada. Fue recientemente intervenido dejándole visible el irregular dovelado de sus arcos. Conserva un Cristo muy sangrante del siglo XVIII, de muy buena factura.

Regresando por el mismo camino tomaremos una desviación a la derecha que nos llevará a San Andrés Ahuayacan para admirar el cuidado atrio que precede a una capilla sencilla muy bien arreglada del siglo XVII, en cuyo interior podemos ver la imagen titular del templo, estofada, del siglo XVIII. Una antigua pila de agua bendita del siglo XVI es lo único que nos recuerda los remotos orígenes de esta parroquia, reedificada en 1789. El mismo camino nos conducirá a Santa Cecilia Tepetlapa, severo templo edificado

Iglesia de San Cristóbal Xalan. Fototeca del Instituto Nacional de Antropología e Historia.

Xochimilco
Ahuejotes
Canal de Cuaculco
C. Almoloya
Laguna del Toro
Pista Olímpica Virgilio Uribe
Canal de Cuemanco
Canal de Atizapan
Chicoco
Acuahutzingo
Ilhuicamina
R. Castillo
E. Zapata
De la Rosa
Amapola
C. Teopanixla
Av. Guadalupe I. Ramírez
Plan Sexenal
Av. México
J. O. de Dominguez
B. Juarez
Sabino
Ahuehu
Matamoros
Jard. Juarez
Jard. Morelos
M. Hidalgo
V. Guerrero
Girasol
Chilapa
Nuevo León
Fco. I. Madero
12 de Oct.
De los Arcos
Av. de las Gárgolas
Prol. Div. del Norte
Av. 20 de Noviembre
Prol. Aneza
Almenas
Axomulco
Nezahualcoyotl
Morelos
Circunvalación
Justo Sierra
Genciana
Rosas
Margaritas
Gladiolas
P. Ramirez del Castillo
Jose María
16 de Septiembre
Cuahutemoc
5 de Mayo
Violeta
Coitlahuac
Pergolas
Av.
Aldabones
Teja
Fco. Goitia
Centro Deportivo Xochimilco
Camino a Nativitas
Maiz
Heliotropo
Xalpa
Redención
S. Lucas
1
2
3
5

ALGUNAS VIEJAS CAPILLAS Y PARROQUIA:
1.- LA ASUNCIÓN COLHUACALTZINCO.
2.- SANTA CRUCITA ANALCO.
3.- SN. JUAN TLALTENTLI.
4.- SAN LORENZO TLALTECPAN.
5.- SAN BERNARDINO XOCHIMILCO.
CANAL AMPAMPILCO
C. TEZHUILCO
CANALES LATERALES DE APATLACO
CANAL APATLACO
ADELAIDA
CANAL SANTÍSIMA
CANAL DE TEPAMPA
CANAL DE PIZOCOAPA
NUEVO LEÓN
C. DE MONERA
LAGUNA DE CALTONGO
CANAL CALTONGO
DALIA
CANAL DE ZALAPA
CANAL TURÍSTICO
CAMELIA
LAGUNA DE XALTOCAN
CANAL AXOMULCO
GALEANA
MADRESELVA
CICLAMEN
CENTRAL
MERCADO
C. STA. CRUZ
© DIBUJO: JOAQUÍN RUY SÁNCHEZ.

Julián Morales (a los 13 años). *Iglesia del barrio de Tlacoapa.* Óleo sobre tela. Biblioteca de Arte Ricardo Pérez Escamilla.

en el siglo XVII. La patrona de los músicos, que preside desde el presbiterio, contrasta con un extraño Santo Entierro, en el que el cuerpo de Cristo va desnudo; a la santa mártir se le cambia el vestido mes con mes. En la sacristía existe una buena escultura barroca de la misma santa, torpemente restaurada.

Al regreso dejaremos a nuestra izquierda San Andrés Ahuayacan para llegar a San Lucas Xochimanca, último punto de nuestro primer recorrido. Edificado en el siglo XVI, su fisonomía sufrió alteraciones en el siglo XVIII, fue reconstruido en 1879 y aún conserva restos de pintura mural, así como un Cristo sangrante y una pila barroca de agua bendita. La imagen titular perdió su simbólico toro al ser encerrada en una estrecha hornacina. Melancólico, el toro la contempla ahora desde afuera. Hay un popular *Cristo cargando la Cruz*, cuyo lienzo está firmado por Lorenzo Tiburcio Rosas en 1732.

El segundo recorrido lo iniciaremos en San Lorenzo Atemoaya, y lo terminaremos en el límite de la delegación donde se encuentra Santiago Tulyehualco. El masivo y severo templo dedicado a san Lorenzo recuerda vivamente nuestras primitivas iglesias del siglo XVI. Austero y recio, coronado con una espadaña, encontramos al fondo al santo, en la esquina sur poniente de su atrio. En su interior, sobre el muro norte de la nave podemos admirar un gran Cristo de caña de maíz, típico del siglo XVI, y en el altar mayor, del mismo siglo, una rígida imagen del mártir san Lorenzo con su tradicional parrilla. Cerca, Santa María Nativitas nos muestra su templo de planta típica del periodo virreinal, del cual se conserva aún su torre; la fachada parece ser ya del siglo XIX. Junto con los dos Cristos no debemos dejar de ver una académica Virgen de Guadalupe, obra del jesuita Gonzalo Carrasco, pintor de buena mano, que viviera en Tepotzotlán, en cuyo refectorio había pintado una *Última cena*, ya desaparecida. Este óleo colocado en la capilla lateral derecha muestra las mayores virtudes de este sacerdote-pintor.

En el poblado existen aún un par de sólidas construcciones del sistema de agua edificado durante el gobierno de Porfirio Díaz, y que formaban parte de un complejo hidráulico que llevaba el agua hasta la caja de bombas de la Condesa, cuya fachada hoy forma parte de la Casa de la Cultura de Tlalpan. Restos de algunos respiradores aún se pueden ver en División del Norte. En el vecino pueblo de Santa Cruz Acalpixca, una construcción del mismo complejo hidráulico funciona como museo arqueológico frente al cual se encuentra otra caja de agua.

El templo ubicado en el jardín Lázaro Cárdenas guarda su fisonomía de fines del siglo XVI; a pesar de múltiples intervenciones, diversas imágenes del periodo virreinal todavía se ven a lo largo de la nave del templo. En las inmediaciones de esta población se encuentra la zona arqueológica.

Erigida en el siglo XVII, la actual parroquia de San Gregorio Atlapulco inició su construcción en el siglo XVI como una pequeña enramada que cien años más tarde fray Alonso de Paz Monterrey convertiría en un convento del que aún quedan varias dependencias con un corredor de arcos rebajados. La iglesia conserva algunos restos de pintura mural, así como una magnífica pila bautismal del siglo XVI. En el interior, el templo tiene diversas imágenes y varias crucifixiones, incluyendo las de Dimas y Gestas, así como un gastronómico san Pascual Bailón.

Antes de llegar al final de nuestro recorrido, vale la pena visitar la parroquia de San Luis de Tolosa en Tlaxialtemanco. Iniciada en 1633, su silueta no ha variado. Tiene el perfil típico de las iglesias de la zona, con una nave sin crucero y una sola torre, que en este caso se enriquece en el segundo cuerpo con pequeñas esculturas en piedra que representan doctores de la Iglesia. Un ingenuo san Sebastián, atado al árbol pero sin flecha alguna, nos recibe en el sotacoro. Parece ser de finales del siglo XVI. Sobre el nicho en el que está colocado, se encuentra un cuadro de manufactura popular (fechado en 1789 según se lee en la parte inferior derecha que identifica al donante) dedicado también a un san Sebastián flechado por indios y no por soldados romanos. Situación parecida a la del estupendo relieve en madera que se conserva en Santiago Tlatelolco, donde el indómito guerrero ataca a indios y no a moros. Sobre la nave se encuentran diversas esculturas y pinturas, entre las que hay dos crucifixiones, una en el altar mayor y otra en las dependencias parroquiales. Culminaremos nuestro segundo recorrido en Santiago Tulyehualco, cuya parroquia guarda tres cuadros de José Polanco, pintor de fines del siglo XVIII y que en 1795 pintara el san Sebastián de Aparicio existente en este templo. Los otros dos cuadros que tienen como tema pasajes bíblicos son de mejor factura pero denotan lo irregular de la producción de este pintor. No podía faltar el Santiago ecuestre.

Las pinturas del retablo mayor, barroco, con pilastras estípites, se perdieron a causa del saqueo. Hay otro retablo en el lado izquierdo de la nave. La existencia de varios cuadros de temas iconográficamente congruentes hace suponer la existencia de más retablos que no se salvaron de la incuria o de la labor iconoclasta de épocas pasadas.

Este breve recorrido nos da a conocer una mínima parte del rico acervo de arte virreinal que guarda Xochimilco. Conocerlo cada vez más ayudará a evitar su destrucción o su robo, y es siempre un placer para el visitante de esta zona excepcional de la ciudad de México.❀

CARLOS FLORES MARINI es profesor de historia de la arquitectura y restauración de monumentos. Ha sido director de Monumentos Coloniales en el Instituto Nacional de Antropología e Historia y director de Arquitectura y Conservación del Patrimonio Artístico en el INBA. Ha realizado obras de restauración en Santo Domingo, Brasil, Colombia, Panamá y Guatemala, y más de cien obras en la República mexicana. Remodeló también una fábrica de hilados y tejidos en Xalapa en la que se instaló la Unidad de Artes de la Universidad Veracruzana.

Gelacio Zarco (a los 15 años). *Capilla de Xochimilco.* Acuarela sobre papel. Biblioteca de Arte Ricardo Pérez Escamilla.

Estas páginas están ilustradas con la obra de algunos jóvenes, alumnos de las Escuelas al Aire Libre de Xochimilco; éstas se hicieron célebres por la presencia de figuras como Joaquín Clausell, Alfredo Ramos Martínez, Adolfo Best Maugard, entre otros maestros.

EL JARDÍN DE LOS DISFRACES

SAN BERNARDINO DE XOCHIMILCO

CACIQUES DOMÉSTICOS

FRANCISCO DE LA MAZA

El autor retrata la vida de san Bernardino de Siena, el patrono de Xochimilco que llegó a serlo por azares del destino. Además describe el gran retablo renacentista en el que aparece el santo, realizado entre 1580 y 1590, y a los caciques que lo acompañan en el relieve.

Retablo principal, elaborado en la década de 1580.
Página siguiente: Fotografía de Armando Salas Portugal.

Páginas 50-57: Parroquia de San Bernardino de Siena.

Entre los innumerables santos que para el descubrimiento de América ya tenía la orden franciscana, san Bernardino de Siena tuvo cierta importancia en el culto y en el arte del Virreinato mexicano. Suena su nombre con el soldado Bernardino de Tapia. Es Bernardino de Alvordoz, hijo del feroz Rodrigo, el primer jesuita mexicano. Fue Bernardino también el más ilustre franciscano del siglo XVI, el Sahagún que tradujo al náhuatl una biografía del santo para ejemplo de los indios de Xochimilco. Y hasta un indio, según quiere la leyenda guadalupana, ya que fue Bernardino el tío de Juan Diego, a quien se le apareció por quinta y última vez Nuestra Señora de Guadalupe.

Varios conventos franciscanos tuvieron por titular a san Bernardino de Siena y muchos pueblos y aldeas de la actual República llevan el nombre del asceta italiano. Su fama pasó al Nuevo Mundo junto con la de san Cristóbal y san Diego, genios tutelares que acompañaban, como en toda acción heroica, a descubridores y conquistadores.

Nació san Bernardino en Siena en 1380 y murió en 1444. Consagró su vida a la predicación, y junto con san Vicente Ferrer se dividieron el mundo católico para inflamarlo con sus voces. El español con la elocuencia de la sabiduría; el italiano con la arrolladora simpatía de la popularidad. Quien recuerde las preciosas páginas de Eça de Queiroz sobre san Bernardino, sentirá la mágica oratoria del franciscano hablando en las calles y plazas de Italia y de Francia, atrayendo a las multitudes con la sencillez de su poderosa palabra. A su muerte se hizo el silencio; quedó como paradigma de la predicación popular e incesante, de la palabra llevada hasta el rincón de las ciudades y hasta el centro de los hogares; de la vibrante voz que sabía enseñar tanto al noble como al mendigo.

A fray Bernardino le daba sabrosura el nombre de Jesús, como a san Francisco, y tanto le enamoraba, que predicó siempre con un estandarte en el que se veía el nombre o las iniciales de Jesús, para que todo el mundo paladease y rumiase su dulzura. De aquí que en las representaciones gráficas de san Bernardino aparezca con el estandarte o con el anagrama IHS en la cogulla.

Muchas veces ha sido tratada en el arte la figura de san Bernardino, siempre, por cierto, como un viejo desmedrado, más asceta que escritor o predicador; más hombre de gabinete que de oratoria pública. Recordaré su retrato de Squarcione en el Bérgamo; los de Sodoma y del Pinturicchio;

INRI

los relieves de Urbano de Cortona en la catedral de Siena; el de Crivelli, en el Louvre; el del maestro de la Anunciación de Ovide, en Siena, en el cual lo pinta ya sin dientes y de una longevidad patológica, etcétera. Sólo El Greco, que yo recuerde, pinta su amable espiritualidad en juvenil madurez, cuando flaco pero recio, predicaba durante cuatro horas seguidas en un mercado. Otro san Bernardino joven hay en México: el magnífico relieve central del retablo de Xochimilco.

Pero, ¿por qué un santo italiano del siglo XV pudo tener interés en la Nueva España? Llegaron los franciscanos en plan primordial de predica-

El Niño Padre de Xochimilco

Quizá el culto religioso más importante y más arraigado en el corazón de los xochimilcas sea el que venera al Niñopan, el Niño Jesús, Santo Niño del Pueblo o Santo Niño Peregrino. Para los habitantes de esta zona, el Niño Dios es ineludible en las fiestas de Navidad. De acuerdo con algunas versiones la palabra Niñopan provendría de la unión del sustantivo "niño" con el locativo náhuatl "pan" que quiere decir lugar. Así, esta palabra designa al Niño del Lugar, aunque existe otro nombre para la sagrada imagen: Niñopa, es decir Niño Padre. Juntas, las dos acepciones nos dan una idea más amplia de la importancia del Niño Jesús en Xochimilco: Niño Padre del Lugar, a quien se atribuyen innumerables milagros, sobre todo relacionados con la salud física. Los lugareños gustan de contar historias sobre curaciones asombrosas e incluso afirman que el color de las mejillas del Niño cambia de acuerdo con su estado de ánimo: encendidas cuando está alegre; pálidas cuando se encuentra triste.

Según la tradición, el Niñopa ha peregrinado por las casas de la ciudad lacustre durante 118 años, de allí que también se le conozca como Niño Peregrino. Dada su importancia en la sociedad xochimilca se ha creado una mayordomía especial para custodiarlo, misma que muchos vecinos piden con más de cinco años de anticipación. De acuerdo con documentos locales, los jefes de familia aspirantes a convertirse en mayordomos del Niñopan están designados hasta el año 2028. Aunque existen innumerables imágenes del Niño Jesús, la imagen de madera venerada públicamente pertenece al pueblo y por tanto no tiene templo. Un dictamen de la Procuraduría General de la República (16 de agosto de 1969) establece que "esa imagen es propiedad de la Federación, pero que debido a las costumbres de Xochimilco es venerada en los 17 barrios del lugar, en los domicilios de los mayordomos que lo soliciten, en la inteligencia que, cuando se interrumpa por cualquier circunstancia aquella tradición, se compromete (el Comité pro Imagen del Santo Niño Dios del Pueblo Niñopan) a remitir aquella imagen a la Secretaría del Patrimonio Nacional mediante acta firmada por personas del lugar".

Habitualmente el ejercicio de la mayordomía se inicia el 2 de febrero, día en que los niños dioses de Xochimilco son bendecidos en una ceremonia en la que los lugareños portan las semillas para el buen éxito de la cosecha y las velas que suelen encenderse en caso de enfermedad o muerte. En esa fecha el nuevo mayordomo recibe al Niñopan de las autoridades eclesiásticas y se compromete a rezar un rosario todos los días, a llevar a cabo una misa mensual y a celebrar las fiestas de Navidad, Reyes y Candelaria. Para el nuevo mayordomo el cargo suele convertirse en una de las actividades más honrosas de su vida, pues el pueblo profesa una gran fe en el Niño Jesús. A tal grado que, el 10 de octubre de 1985, la justicia tuvo que intervenir para resolver un conflicto entre el párroco de la época y el consejo de mayordomos, suscitado a raíz de la prohibición de que el Niñopan entrara en la iglesia y de que se organizaran misas en su honor. En aquel entonces la decisión estuvo a favor de los mayordomos. Otro de los compromisos que asume el nuevo mayordomo es el de conservar en buen estado las pertenencias del Niño y entregarlas mediante inventario el 5 de febrero, tres días después de la fiesta de la Candelaria.

Pero las fiestas más importantes son las posadas, que se organizan incluso con cuatro años de anticipación. De hecho la característica más sobresaliente de estas celebraciones es la presencia del Niñopan. Él las preside desde antes de nacer simbólicamente, la costumbre es que permanezca en su trono en el domicilio del mayordomo hasta el día que se inician las posadas. Se supone que allí debe dormir hasta la mañana en que sale rumbo al domicilio del posadero. Más tarde regresa en brazos de la mayordoma, encabezando la fastuosa procesión. Desde su trono, fragante por estar alfombrado con innumerables flores, el Niñopan es testigo de las celebraciones por su llegada al mundo. Después de la Natividad la imagen permanece en el pesebre del Nacimiento hasta el 6 de enero, fecha en la que asiste a la misa de Reyes, después regresa a su sitio y reposa nuevamente hasta el 2 de febrero, día en que es levantado para llevarlo a la liturgia en el templo de San Bernardino de Siena para ser entregado por el obispo a sus nuevos custodios.

dores y maestros, y como siempre es necesario un guía, un antecedente, un amoroso apoyo en el camino de la vida: lo vieron en su hermano Bernardino, quien todavía, después de cien años de muerto, era recordado vivamente por las multitudes religiosas de Europa. Fue un símbolo de la palabra en la obra de la evangelización del siglo XVI. De ahí que se le venere en un momento dado casi tanto como a san Francisco y a los ángeles interventores de Dios. No en vano se llamaron cuatro de los primeros conventos mexicanos de San Francisco (México), de San Miguel (Huejotzingo), de San Gabriel (Cholula) y de San Bernardino (Xochimilco).

Domingo de Ramos en Xochimilco, 1991.
Fotografía de Mariana Yampolsky.

Después de ese día el Niño Jesús sale cotidianamente a visitar devotos y enfermos que ruegan por sus dones. Normalmente, después de la ceremonia de entrega, una muchedumbre acompañada por una banda de música de aliento y numerosos danzantes, forma una valla hasta el domicilio del mayordomo, quien ha decorado su calle con arcos floridos. El nuevo custodio aposenta la imagen en su hogar, da de comer a miles de invitados y les ofrece esparcimiento con números artísticos y baile popular por la noche.

Otros festejos importantes en los que participa el Niñopa son el Día del Niño, el 30 de abril, fecha en que los niños de la comunidad lo honran, y el día de Corpus Christi, en que se le viste de indito y se le pone su huacal en la espalda, como es la usanza. En ambas ocasiones el Niño Jesús es tratado como si fuera un pequeño más de la comunidad.

El Niñopa convive en su adoratorio doméstico con los niños dioses de los familiares, vecinos y amigos, y no con las imágenes religiosas de la parroquia, de las capillas o iglesias de Xochimilco. Finalmente, no obstante las fuertes erogaciones para cumplir con la mayordomía del Niñopa, no hay distinción de clases o grupos sociales para otorgarla. Todo esto permite que alrededor del Niñopa se establezca una cohesión social extraordinaria.❀

Rodolfo Cordero López

San Cristóbal.
Mural al fresco.
Parroquia de
San Bernardino de Siena.

Y vayamos a la obra de arte, resultante exquisita de toda esta trayectoria, de Siena a Xochimilco. El gran retablo renacentista que por milagro perdura, es obra de la década de 1580 a 1590, tiempo en que se hacía también su hermano gemelo, el de Huejotzingo. En el tablero central, sobre la grandiosa Madona y bajo el antiguo Cristo crucificado, en el corazón del retablo, está san Bernardino, con sus largos brazos abiertos, bendiciendo con su mano derecha y con un ademán de protección la izquierda. Dos ángeles abren su capa y unos querubines flotan en las nubes estilizadas de la parte superior. El santo, hermoso y juvenil, mira displicente o meditativo hacia la lejanía, inclinando un poco su cabeza a la derecha; sus mejillas y su labio superior se cubren de un azul tenue, como la barba recién afeitada; su pelo negro se encrespa sobre su frente en tres momentos simbólicos, que recuerdan las tres "potencias" de los Cristos. Su hábito estofado finamente en negro y oro se mueve con elegancia, cayendo en cuidadosos pliegues hasta sus pies desnudos.

Refiriéndose a este retablo, dice Moreno Villa: "Hay que seguir la pista de este buen maestro clásico que trabajó en lo que hoy llamamos Distrito Federal". (¿No será Luis de Arciniega, hermano del arquitecto de la catedral de México, que por esas fechas trabajaba en otros buenos retablos?) Y añade: "México tiene durante el siglo XVI escultores que hubieran gustado a Carlos V y a Felipe II por el aplomo, la majestad y la claridad de sus obras".

Pero si el espléndido relieve de Xochimilco es de por sí interesante, más son los donantes que le acompañan. Son cinco varones a la derecha —tres adolescentes y dos de barba puntiaguda— y cuatro mujeres. Van ellos tocados de gorgueras y ellas de mantilla, y su color y sus facciones son completamente europeos, pero observando ciertos detalles resultan algo totalmente distinto: son indios mexicanos. Indios representados a la española, disfrazados, cambiados de raza en un explicable afán de sumarse a la nación conquistadora y halagarla. Son los caciques donantes como aquel don Martín Zerón de Alvarado, indio "señor de muchas tierras" que dejó cuantiosos bienes al convento de Xochimilco. Quisieron representarse a la española en pelo y piel, facciones y vestiduras, pero conservaron elementos prehispánicos como el anudarse la capa en el hombro derecho a modo de ayate o tilma y en el vestir de las mujeres, que portan, en vez del traje de la época, un ajustado huipil. Además, van descalzos. ¿Cómo caballeros españoles podrían llevar desnudos los pies? Pero ayudémonos ante este inusitado encuentro de caciques indígenas convertidos en personajes de El Greco, con documentos de la época. Leemos en la relación de Ixcateopan, de 1579: "al presente traen sus camisas y zaragüelles y jubones y las mantas que antiguamente traían atadas al hombro; las mujeres andan vestidas con sus enaguas que son una manta revuelta a la cintura que les llega hasta la espinilla y una camisa larga sin mangas ni cuellos que se llaman *huipillis*".

Compárese este párrafo con el relieve de Xochimilco. En el códice *Introducción a la justicia en Tlaxcala* se ve a los caciques, con sus pintorescos nombres dobles, español y nahua, como don Francisco Maxixcatzin o don Gonzalo Tecpanécatl, llevando la barba en punta y el cabello cortado a la española aunque ostenten todavía plumeros y calcen *cactlis* en lugar de zapatos. También en el códice genealógico *Mendoza Moctezuma* los caciques peticionarios aparecen a veces puramente como indios, con penachos, ayates y *maxtatl*, pero se ve por allí un don "Baltasar de Mendoza Moctezuma, hijo legítimo de don Diego de Mendoza de Austria, nieto del emperador Moctezuma", vestido como conquistador, con sombrero andaluz y un casco emblemático, barba en punta y cabello a lo Hernán Cortés, pero eso sí, con la capa anudada a modo de ayate y *cactlis* en los pies. ¿No es esto lo mismo que en el relieve de Xochimilco?

Estos pobres caciques xochimilcas resolvían imaginariamente, para la posteridad, su doble y equívoca posición en este mundo: ni eran los príncipes de Huitzilopochtli ni los encomenderos de Cristo. Se cobijan bajo su nuevo patrón san Bernardino y se disfrazan.

Francisco de la Maza y de la Cuadra (1913-1972) fue maestro y doctor de letras por la Universidad Nacional Autónoma de México e investigador del Instituto de Investigaciones Estéticas. Publicó, entre otros, los siguientes libros: *El guadalupanismo mexicano* (1953), *La mitología clásica en el arte colonial de México* (1968), *El churrigueresco en la ciudad de México* (1969) y *Páginas de arte y de historia* (1971).

El jardín de piedra

Las FLORES en la ARQUITECTURA de XOCHIMILCO

Sergio Cordero Espinosa

La cultura de la flor nació con las chinampas en las que se sembraban nenúfares, amapolas, dalias, rosas, lirios y gladiolas para adornar los altares de las numerosas iglesias de la región. Considerada Ciudad de las Flores, Xochimilco se convirtió en sede de las fiestas religiosas celebradas en cada barrio y cada pueblo. En este artículo, el autor describe brevemente algunos momentos de la representación simbólica de las flores en la arquitectura local.

Pila de agua bendita con *huacalxóchiles*. Piedra tallada. Parroquia de San Bernardino de Siena, siglo XVI.

Página siguiente: Flores esculpidas desde la raíz (acahuales), a la manera del *Códice De la Cruz-Badiano*. Puerta lateral. Parroquia de San Bernardino de Siena, siglo XVI.

Página 39 del *Códice De la Cruz-Badiano: Libellus de Medicinalibus Indorum Herbis*. Manuscrito de 1552, realizado por Martín de la Cruz, según traducción latina del xochimilca Juan Badiano.

Páginas 58-59: Flor mariposa. Altorrelieve sobre superficie basáltica. Laderas de Cuailama. Prehispánico.

Xochimilco, nido de jardines de flores, si llamamos así a esos espacios de cultivo que a lo largo del tiempo fueron creados bajo el poético nombre de chinampas, isletas de floridos cultivos rodeadas por las aguas de los lagos. Isletas que al descansar en el tibio lecho del limo y sentir la mano amorosa de los agricultores xochimanques florecieron con exuberancia ofreciendo la belleza de los pétalos de sus abundantes flores y el aroma de sus esencias como un regalo de los dioses y una comunicación perpetua con los mismos.

Así fue creada la cultura de la flor. Y el ritual se iniciaba casi con el año, alrededor del 2 de febrero, cuando los xochimanques, los ofrecedores de flores, las recogían de los jardines semiflotantes que engalanaban las praderas de Xochimilco, para colocarlas en los altares. Aún persisten huellas de esta cultura florida en San Lucas Xochimanca, pueblo donde residen los que ofrecen flores, y en la Guadalupita Xochitenco, pequeño barrio al norte del antiguo convento franciscano, el lugar "hasta donde llegaban las flores". Restos etnológicos de la actividad principal de los chinamperos xochimilcas.

Tan centrada estaba la vida prehispánica de estos pueblos en las flores que algunas variedades fueron deificadas, como la flor mariposa que se encuentra tallada en altorrelieve sobre la negra superficie basáltica de una de las laderas de Cuailama, paraje en los alrededores del pueblo de Santa Cruz Acalpixca. Esta flor está representada por una planta igualmente llamada *acalpixcan* ubicada frente a una *papálotl*, mariposa, emblema de su belleza y de lo maravilloso de la vida.

Consecuentemente, las flores fueron la esencia religiosa de la actividad agrícola en la cual basaron su progreso los antiguos xochimilcas, el motor que inspiró a quienes generaron la construcción de las miles de chinampas prehispánicas de los lagos del Anáhuac y que en los albores del siglo XXI aún persisten como muestras arcaicas de una cultura.

A la llegada de la cultura occidental, con todas sus técnicas y conocimientos botánicos, los jardines flotantes se enriquecieron con la siembra de nuevas flores importadas de tierras lejanas, y las *xóchitl* crecieron junto a sus parientes, las dalias, las rosas, los lirios, las gladiolas, las amapolas y los nenúfares, actual emblema de Xochimilco. La belleza de estos seres vegetales propició durante muchos años la comunicación del hombre con lo divino, hasta que su consumo fue prohibido por su alto contenido de alcaloides nocivos para la salud. Y, sin embargo, fueron las flores importadas las que enaltecieron la belleza de las chinampas. Gracias a ellas las flores nunca más faltaron en los altares, ya no sólo de los adoratorios nativos, sino de los templos cristianos que empezaron a construirse en toda la Nueva España.

Así pues, Xochimilco se ganó el apelativo de la Ciudad de las Flores, debido a su actividad principal centrada en la floricultura y la floristería: unos cultivaban, otros construían adornos y otros más, las ofrecían a los nuevos dioses en una sinfonía de aromas, colores y formas. La ciudad de los canales, de las chinampas y de las trajineras se convirtió en sede de fiestas religiosas celebradas en cada barrio y en cada pueblo. Y en toda festividad importante fueron imprescindibles, al grado de que después se transformaron en símbolo iconográfico de Xochimilco. Así, a lo largo de la época virreinal, los canteros las esculpieron en piedra para incrustarlas en las paredes de las innumerables capillas e iglesias levantadas por ese entonces.

En todas las etapas de la evolución histórica de Xochimilco hay representaciones de flores. Por ejemplo, en el culto a Xochipilli, diosa de las flores, y a Xochipapálotl. En el siglo XVI muchos ornamentos de cantera fueron destruidos o fragmentados para usar los materiales en la construcción de los nuevos templos; así, las flores talladas en piedra fueron colocadas deliberadamente en los taludes de los muros, y hoy podemos verlas en lugares diversos, como en el frontispicio de la pequeña capilla del barrio de San Pedro Tlalnahuac, en donde hay una flor circular de seis pétalos, con un pequeño círculo en el centro, lugar en que aparece una cara sonriente que representa al sol generador de vida.

Existen otras en los muros de capillas y templos, como el de la Virgen de los Dolores de Xaltocan, en uno de cuyos contrafuertes, en uno de los arcos botareles y en la torre del campanario, aparece una espiga junto a varias *cocoxóchiles*, sello de los xochimilcas, lo que de alguna forma pregona que allí existió un centro religioso prehispánico. Una muestra de la religiosidad de épocas posteriores se encuentra en uno de los contrafuertes: con pequeñas piedras incrustadas en las argamasas se ve el dibujo de una cruz rodeada de flores. Como sello de Xochimilco, encontramos flores en la mayor parte de los templos, como en las pilastras del interior del antiguo convento de San Bernardino, en donde marcan el arranque de las mismas. En las pilas de agua bendita que se encuentran en el sotacoro, dos *huacalxóchiles* se mezclan con el cordón franciscano, y en la porciúncula, portada lateral de la nave del antiguo convento, hay varias flores de diferentes estilos y diseños. Sin embargo, resaltan cuatro plantas con sus flores esculpidas desde las raíces, a la manera del *Códice De la Cruz-Badiano*, escrito y dibujado por dos indígenas mexicanos del siglo XVI.

En el México contemporáneo, Xochimilco aún conserva como actividad principal el cultivo de las flores. Las encontramos en los principales mercados y formando parte de arreglos florales o con todo y plantas, que se usan como elemento decorativo. Flores de diferentes clases, cambiantes según la época, que pueden admirarse en los mercados, en las trajineras o en las fiestas de los barrios y pueblos, en donde las portadas, los frontispicios de los templos y altares, siempre estarán ornados con múltiples arreglos florales.❀

SERGIO CORDERO ESPINOSA es médico cirujano, con especialidad en medicina del trabajo. Ha colaborado en el periódico *Ovaciones* y en la revista *Rescate*. Imparte el curso de historia del arte y la cultura en Xochimilco. Ha publicado las monografías *Xochimilco, Convento de San Bernardino de Siena, Biografía de Quirino Mendoza* y *Cortés* y *Fernando Celada Miranda, poeta de Xochimilco*.

El jardín de la nostalgia

EBRIA BITÁCORA

Armando Sarignana

Esta región lacustre y florida invita al sueño del pasado y a su recreación poética. Este texto es el relato de un paseo imaginario realizado por algunos artistas de la década de 1920. En él desfilan el Doctor Atl, Nahui Ollin y Joaquín Clausell en convivencia con algunos personajes irreales. El escenario, Xochimilco; el motivo, una excursión nocturna por los canales.

A José López, que es suyo.

Mi oreja sigue su rumor secreto
oigo crecer sus rocas y sus plantas
que alargan más y más sus labios dedos.
Xavier Villaurrutia

Páginas 62-63:
Saturnino Herrán.
La ofrenda, 1913.
Óleo sobre tela.
185 x 209 cm.
Museo Nacional de Arte.
Conaculta-INBA.

A mediados de junio, el clima se encontraba tan suave y fresco que se antojaba aventurarse por los brazos acuáticos de la ciudad incendiados, como parecían, por la incandescencia póstuma del ocaso y los fríos destellos plenilunares apenas perceptibles. El paseo daría inicio al atardecer, con el aire impregnado de irresistibles olores a merienda y las notas del mariachi y la marimba, confundidas entre el vocerío de trajinantes y la cháchara de la gente que poco a poco iría poblando el muelle.

Cuando llegamos, el grupo singular que componíamos no pasó inadvertido, especialmente *la pelona* Nahui. El resto de nosotros oscilaba de lo excéntrico a lo moderado: Atl, Clausell, mi padre, la vieja Francisca y yo, Camila, alquilamos una trajinera.

El reflujo mecía las barcazas del amarradero del Puente de Palacio en el centro de la ciudad de México.

***

Atrás había quedado el embarcadero y apenas iniciaron los remeros su vasto repertorio de canciones, papá descorchó una botella de Chateau Margaux mientras Francisca disponía, sobre el largo tablón de la mesa, una copa para cada uno de los tripulantes.

Emprendíamos una excursión rumbo a Xochimilco, pueblo de aguas prístinas y saludables con frecuencia comparado con aquella histórica ciudad de coléricos y pestíferos canales.

Nos dispusimos a aprovechar bien el paseo.

Esa esplendente noche brindamos por el buen viaje hasta el amanecer; por la delirante naturaleza de Clausell; por la pronta inauguración del Teatro Nacional y por mi padre el arquitecto Federico Quiroz, supervisor de la obra. Brindamos por la felicidad de todos; Atl y Nahui, los más vehementes, mostraban con su temperamento ajeno a la especulación, su apuesta por la eternidad, aún breve.

Días atrás, Joaquín propuso guiarnos hasta ciertos petroglifos descubiertos en los alrededores de Xochimilco y, como se esmerara con fruición en describir uno de esos enigmáticos glifos, el *nahui ollin*, la excursión significó para nuestra convidada un sutil halago.

Cuando mamá fue comunicada de la excursión planeada por Clausell y el Doctor Atl a Xochimilco y supo que papá estaría acompañado por su extravagante y licenciosa *amiga* Carmen Mondragón, ardió Troya. "¿Nahui en la lunada a Xochimilco, sola, con tantos hombres? No". Mi madre no sabía, no obstante, que ni por todo el reino de Midas iría a otra excursión con papá; la última, de infausta memoria, la había obligado a mantener hasta esos días una relación bastante incómoda con el árnica. Todo conspiraba a mi favor. Mi madre que conocía mis deseos de asistir, sin más lo permitió: Francisca, oídos y ojos de mamá, fue mi acompañante. Así, vigilaría que mi padre no fuera a caer hechizado por las artes de aquella mujer que se decía embrujahombres. Es que los ojos de Nahui fueron glaucos socavones donde muchos cayeron.

***

El canal se encontraba poblado de vistosas trajineras, unas ostentaban diademas florales con leyendas de amor; otras, con nombre de mujer. Los pasajeros, que en muchas ocasiones se apretujaban en el pequeño espacio de la embarcación, animados por la penumbra, iniciaban un bullicioso escándalo que anticipaba el fandango. Comida y bebida corrían abundantes el tiempo que durase el trayecto.

—¡Pan de pulque, pan de natas, atole de anís!

—¡Elotes, haaay elotes!

—Ancas de rana, güerita. Tlacoyos, gorditas de hormiguero. Ándele patrona, tacos de quelites tiernos, café negro, té de hojas.

Músicos con sombreros amplios y cotones gruesos ofrecían voces e instrumentos; al paso, una tonelada nos alcanzó ilesa:

Estrellita del lejano cielo,
que miras mi dolor, que sabes mi sufrir,
baja y dime si me quiere un poco,
porque yo no puedo sin su amor vivir.

***

Hacía largo rato que los albarradones de San Esteban y Santa Cruz habían quedado atrás. El viento crispaba la superficie del agua y a lo largo de las cenefas umbrías de la ciénaga surgían, de tanto en tanto, vastas y luminosas tachas de alcatraces y garzas.

Al llegar a un punto, las aletas de mi nariz se distendieron espontáneamente, aspiré hondo; la brisa esparcía pródiga una mixtura de dulces aromas, miré en derredor buscando una causa en el paisaje y el paisaje me devolvió, como un equívoco, la infaltable estampa de sabinos y chopos frondosos y enormes ahuehuetes que nos acompañara desde el principio del recorrido. Intrigada volví la mirada hacia el grupo buscando los ojos de papá.

Papá, lo mismo que Nahui, Clausell y Atl, venteaba el aire con beatífica complacencia. Luego de unos instantes, que corresponderían a los que toma al niño discurrir las reglas de un juego, todos comenzamos a resolver la adivinanza que, literalmente, flotaba en el ambiente:

—¡Mmmh!, zapote blanco —dijo Clausell.

—Membrillo —avanzó mi padre.

—Chabacano —grité procurando que todos me oyeran.

—Ciruelo español —dijo Nahui al mismo tiempo: susurro que habría de perderse en mi alborozo.

Los remeros y Francisca, ajenos a nuestra súbita animación, transitaban serenos por aromas familiares. Cuando llegamos a las huertas las fragancias se acentuaron.

—¿Dónde estamos? —pregunté.

—Llegando a Xamayca —respondieron.

Naret.
Coloquio, 1990.
Óleo sobre yute.
90 x 120 cm.

Naret.
Conductor, 1992.
Acrílico sobre tela.
90 x 120 cm.

La diva que rehusara el lugar que Hollywood le tenía preparado en su cielo de ficción, fue a anidarse en brazos de Gerardo Murillo. El Doctor Atl quedó atado a la forma suave y a la lengua áspera de esta hechicera, practicante puntual del recetario de la bruja Benita. Bastaba la mitad de esos ojos abismales para desatar el caos. Su figura, extraña para muchos, poseía una devastadora hermosura.

Amorosísima, Nahui pidió a los remeros que se orillaran. Descendió en un sembradío de purpurinas dalias, para perderse en medio de balsámicos eucaliptos. A la distancia se oía el incesante ladrido de los perros.

***

Xamayca constituía el puerto de arribo para la mayoría de los viajeros; pronto la algazara cedió paso a la tertulia y los alegres sones de la discreta tonadilla.

Quedé atenta, tras el feudo de sombras en que erraba mi vista, una Babel de habitantes insomnes dejaba oír su incesante guirigay: seres innúmeros cantaban, gritaban, aullaban...

Miré las algas emerger del fondo, adivinaba la huida de los peces al contacto del remo que entraba y salía de la humedad, quebrando en centelleantes lajas los hipnóticos reflejos de la luna adherida a las aguas. Íbamos náufragos de la noche constelada, anegados por el inmenso mar arriba.

***

Carmen Mondragón era una mujer reveladora, fuera de lugar y de tiempo. Cuando se despojó de su ligero chal y el viento leve voló las amapolas de gasa de su vestido, todos se sorprendieron aturdidos ante la profundidad de su instigador escote; fríos y magnéticos, sus ojos serpentinos escudriñaron el impacto ocasionado.

Era Nahui Ollin, risa entre risas, quien estallaba ebria y alucinada. Bailaba sola las piezas que un quinteto trasnochado de músicos se esforzaba en tocar alegremente; descalza, resplandeciente se dirigió hacia mí, cuando hubo quedado a un paso extendió la mano y con una expresión encantadora, me pidió que le concediera la siguiente pieza.

Algo le contesté en medio de mi risoteo nervioso. Para entonces mi cuerpo ya acompañaba al suyo girando en incontinentes carcajadas, a ritmo de una melodía destinada al pronto olvido. Me deshice en la primera silla que encontré: Nahui danzaba entonces con Clausell.

Ascuas de metileno, perdidas en la oscuridad, acechaban el regreso de Nahui. Sin apartar la vista de su tarea, Atl charlaba en voz baja con mi padre; a corta distancia la mirada de Clausell, enmarcada por sus redondos y gruesos anteojos, tomaba apuntes de la escena.

Retazos de la conversación llegaban de cuando en cuando a mis oídos despiertos. Atl en un tono vehemente, que a veces lo llevaba a levantar la voz, narraba los detalles de la extraña aventura en la que estuvo a punto de ser fusilado, cerca de ahí, por tropas del general Zapata. La charla fluía infatigable sin orden ni concierto; a juzgar por sus palabras aquélla era una época de proyectos descabellados.

Joaquín Clausell, quien impartía clases de pintura en escuelas pobres de Xochimilco, integrado de lleno al improvisado ateneo, discurría la posibilidad de hacer una visita, en la Escuela de Pintura al Aire Libre del barrio, a Best Maugard, de quien había recibido unos días antes la invitación para que conociera el trabajo de sus alumnos.

Adolfo Best, viejo conocido de nuestra familia, promovía, ayudado por un equipo mesiánico de entusiastas amigos, un peculiar método de dibujo —una "gramática visual", precisaba Clausell— basado en pictogramas primitivos. Los resultados de su método se reconocían ampliamente, incluso en el extranjero, como la eclosión del arte popular mexicano.

Cuando Nahui tornó a la trajinera, Atl se encontraba inmerso en la descripción minuciosa de la utópica ciudad de Olinka; su ambicioso proyecto humanista de arquitecturas abiertas conservaría intacta para mí, aun luego de atentas lecturas de Campanella, la sensación de que me era un sitio conocido.

Página siguiente:
Fotografía de Pablo Aguinaco.

Cleofas Almanza. *Canal de Xochimilco.* Óleo sobre tela. 63 x 52 cm. Colección particular. Cortesía Fomento Cultural Banamex.

August Lohr. *Xochimilco*, 1910. Óleo sobre masonite. 150 x 91 cm. Colección particular. Cortesía Fomento Cultural Banamex.

Guillermo Gómez Mayorga. Óleo sobre tela. 28 x 18 cm. Colección Felipe, Andrés y Ana Siegel.

Ricardo Cattaneo. *Xochimilco*, 1937. Óleo sobre tela. 43 x 28 cm. Colección Jorge R. Cattaneo.

Daniel Thomas Egerton.
Canal de Chalco.
Óleo sobre tela.
51 x 40 cm.
Colección Francisco Regens.

En la cumbre del Popocatépetl se elevaron persistentes fumarolas.

Se hizo un largo silencio. De cuando en cuando advertía el graznido del perro de agua en la copa de los árboles. Eran las 4:23. El sol en la casa de Cáncer daba paso al verano.

***

La mano remaba perezosa, arrastrando las algas enroscadas en sus dedos: algo viscoso y frío se deslizó entre ellos. Grité. Papá estuvo conmigo en un instante y los demás, repuestos de la sorpresa, no tardaron en unírsele; entre las raíces de un vasto ahuehuete se perdía una tropilla de culebras plateadas.

Arrebujada en los brazos de mi padre, bebí el reconfortante sorbo de *cognac* que me ofrecía Francisca, mientras el resto de nuestra comitiva, ya avispada del todo, se aplicaba a embromarme con tino certero. Lancé una mirada recelosa a la cetrina lobreguez de las aguas. Todos me aburrían. Su grandilocuente hablar, sus conquistas y sus prodigiosos itinerarios me resultaron insulsos. Pareciera que su anecdotario se encontraba colmado de patéticas hazañas. Estaba insoportable…

Me despertó la batahola de pájaros que enardecía el amanecer. El alba encarnaba un cielo lívido.

Por los murallones de ahuejotes que lindaban las chinampas colmadas de flores y verduras, nítido y cristalino llegó a nosotros, como uno solo, el llamado a maitines de las parroquias. Xochimilco aparecía como un vergel flotante en cuyas extremidades se despedazaban raudas canoas rumbo al parián de la ciudad, con su carga florida y hortalizas recién cortadas.

El frío de la mañana me obligó a trasladarme al otro extremo de la barca, donde Francisca me servía un té caliente. Allí, erguida, se encontraba Nahui atisbando la luna desvanecerse del líquido lecho. Testigo de un insólito espectáculo, presencié el extravío de la oscuridad y de la luz en su errabunda mirada que me observó acuosa, con ojos de pez. Tomó mi mano, arrebatadas nos impulsamos hacia adelante, hacia el canal en el que con rapidez se disipaban las huellas de la noche: húmedo preludio a un paseo inolvidable.❀

∽

ARMANDO SARIGNANA, poeta y artista plástico nacido en la ciudad de México. Incursiona en la crítica de arte. Ha publicado en las revistas *La pus moderna*, *Milenio* y *Poliéster*, entre otras. Actualmente se dedica al rescate y la catalogación de cartografías antiguas y olvidadas.

BIBLIOGRAFÍA

- Acevedo López y de la Cruz, Santos, *Monografía histórico-demográfica de Xochimilco*, México, (s.e.), 1972.
- — y Sergio Cordero Espinosa, *Nuestra Señora de los Dolores de Xaltocan*, México, Vargas Rea, 1963.
- Acosta, Joseph de, *Historia natural y moral de las Indias*, México, FCE, 1962.
- Alonso Lutteroth, Armida, *Estudio de la tecnología de los retablos dorados españoles y su comparación con el retablo de San Bernardino en Xochimilco*, México, Talleres Gráficos de Guadarrama, 1979.
- Belgodere Brito, Francisco José, "El retablo de San Bernardino de Siena de Xochimilco", en *Anales del Instituto de Investigaciones Estéticas*, México, UNAM-Instituto de Investigaciones Estéticas, 1969.
- Brehme, Hugo, *México pintoresco*, México, (s.e.), 1923.
- —, *Atlas pintoresco e histórico de los Estados Unidos Mexicanos*, México, Debray Sucesores, 1885.
- Carrasco, Pedro, "Los señores de Xochimilco en 1548", en *Tlalocan*, México, UNAM-Instituto de Investigaciones Históricas, 1977, vol. 7, pp. 229-265.
- Castro, Casimiro, *México y sus alrededores*, México, Decaen editor, 1855-1856.
- *Catálogo nacional de monumentos históricos inmuebles. Xochimilco, D.F.*, México, Departamento del Distrito Federal-Instituto Nacional de Antropología e Historia, 1988.
- Chapa, Sóstenes N., "La fundación de la ciudad de Xochimilco", en *Revista Trimestral Mexicana. Investigaciones Históricas* (1), México, abril 1939, pp. 304-311.
- Clavijero, Francisco Javier, *Historia antigua de México*, México, Porrúa, 1990.
- *Diego Rivera, exposición de homenaje nacional*, México, Museo Nacional de Artes Plásticas, 1951.
- Doctor Atl, *Iglesias de México*, vols. 1 y 4, México, Editorial Cultura, 1924.
- Durán Diego, *Historia de las Indias de la Nueva España e Islas de Tierra Firme*, México, Imprenta de Ignacio Escalante, 2 vols., 1880.
- García Cubas, Antonio, *El libro de mis recuerdos*, México, Imprenta Manuel León Sánchez, 1934.
- García Granados, Rafael, *Xochimilco*, México, Talleres Gráficos de la Nación, 1934 (Monografías Mexicanas de Arte, 5).
- Horz de Vía, Elena, *Testimonios de viaje 1823-1873*, México, Mario de la Torre (ed.), 1989.
- Kubler, George, *Arquitectura mexicana del siglo XVI*, México, FCE, 1982.
- Lomelí, Xavier, *Xochimilco en las horas de los siglos*, México, Departamento del Distrito Federal, 1987.
- Maza, Francisco de la, "San Bernardino de Xochimilco", en *México en la Cultura,* Suplemento del periódico *Novedades*, México, 28 de mayo de 1950.
- —, *México, 64 fotografías de Fritz Henle, Ziff-Davis*, Chicago, Publishing Company, 1945.
- —, *Monografía de las Escuelas de Pintura al Aire Libre*, México, SEP, 1926.
- Nebel, Carlos, *Viaje pintoresco y arqueológico por la República mexicana, 1829-1834*, México, Porrúa, 1963.
- Pérez Zevallos, Juan Manuel, "El gobierno indígena colonial en Xochimilco (siglo XVI)", en *Historia mexicana*, vol. 33, núm. 4, abril-junio 1984, pp. 445-462.
- —, "Xochimilco y sus tlahtocayo", en *El modo de producción tributario en Mesoamérica*, Alfredo Barrera Rubio (ed.), Mérida, Universidad de Yucatán, 1984, pp. 107-122.
- Rojas Rabiela, Teresa y Juan Manuel Pérez Zeballos, *Xochimilco en el siglo XVI*, México, Centro de Investigaciones y Estudios Superiores en Antropología Social, 1981.
- —, *La agricultura chinampera*, México, Universidad Autónoma Chapingo, 1983.
- Rosas Velasco, Pablo, *Xochimilco, baluarte de una raza*, México, Taller de Artes Gráficas Independencia, 1965.
- Séjourné, Laurette, *Arqueología e historia del Valle de México de Xochimilco a Amecameca*, México, Siglo XXI Editores, 1983.
- Vargas Lugo, Elisa, "Reconstrucción del altar de Xochimilco", en *Artes de México* (179-180), 1968, pp. 68-70.
- Vergez F., José, *La vida en México en 1810*, México, Librería de la viuda de C. Powret, 1911.
- Villanueva, Plácido, "Xochimilco, una ciudad típica del México de ayer y de hoy", en *Cihuacóatl* (1), agosto 1974.
- Zamaçois, Niceto de, *El jarabe, obra de costumbres mexicanas, jocosa, simpática, burlesca, satírica y de carcajadas, escrita para desterrar el mal humor, herencia que nos legó el padre Adán por un necio antojo que quiso satisfacer*, México, Imprenta de Luis Inclán, 1861.
- Zuborón, J., *Xochimilco 1200-1521*, México, Vargas Reas, 1954.

XOCHIMILCO

A COMPLETE ENGLISH TRANSLATION

Carl Nebel. A trip down La Viga Canal in Mexico City. Lithography by Lamercier A Paris. Ricardo Pérez Escamilla Art Library.

FIFTH ANNIVERSARY

ALBERTO RUY-SÁNCHEZ LACY

Over the past five years, each new issue of *Artes de México* has posed a true challenge to those of us at the magazine, an adventure which remains inseparable from the logic of the heart. If the magazine gives us reason to be proud, it is thanks to the opinions of our diligent readers who continually motivate us into improving each successive issue. The challenge lay in the high standards we had set for ourselves from the beginning—not easily attained without the care and dedication that goes into *Artes de México* day by day, sometimes minute by minute. This includes the very special participation of those who have joined forces with us to maintain a distinguished level of consistency: printers, bookbinders, photographers, distributors, booksellers, consultants, the clients who sponsor our special issues; all those who over five years and twenty issues of the magazine, have been fellow travelers on our journey. For them as for us, *Artes de México* is more than just another job. It is, in fact, a project that looks beyond the present and into the future, for we know that it will reap a more fruitful harvest over time, like all cultural endeavors which by nature require continuity, an obstinate will and passionate persistence. In a very literal sense, cultural activity means to *cultivate*: to sow and to reap. We have always been aware of this. *Artes de México* has planted a seed which has sprouted a burgeoning demand for quality. It is a demand we have imposed on ourselves and it is one expressed by our readers. We have also sown a sort of second nature for art, in all its forms, and for aesthetic pleasure in both its calm and convulsive manifestations. In addition, we have instilled a passion for the most striking examples of Mexican culture: those forms that are shaped with a skilled hand. It has been a challenge marked by all kinds of obstacles. But until now, despite the impediments, and with increasingly more visible success, even as I write these lines, the continued resolve to publish our quarterly journal has never faltered. Ours has been a five-year challenge: we have traveled a road that many considered impossible. The adventure has given rise to strong emotions and pleasures. Naturally, while also beset with disappointments and setbacks, not once has it ever slouched into boredom or monotony. It pleases us to think that a considerable amount of the passion invested in each page of the magazine is quietly transmitted to our readers in the eloquent silence of its printed form. Our greatest reward continues to be the enthusiasm with which these pages are welcomed by our growing number of demanding readers. ❀

Translated by Roberto Tejada.

PAGE 73:
Franz Mayer. 1924-1925.
Franz Mayer Museum.

THE SLEEPING GARDEN

IMPRESSIONS OF XOCHIMILCO

by Hugo Hiriart

Xochimilco's history is that of a secret garden, the *hortus conclusus* withheld from the barbarous prying of man. A magic garden perhaps, a place where time stood still, a trail and ancient orchard that fell asleep as in a fairy tale. But, what lies within this prodigious hidden garden? Let us imagine a tale of science fiction: a young naturalist stumbles across a strange cloistered garden, an orchard where fruit ripens at an unusual pace, growing large and luscious. The naturalist climbs illicitly into the garden, to discover the horticultural techniques of the future (while a strange girl watches him with red pupils from a high window in the house)... This could well take place in Xochimilco: the story would fit, except for the fact that the advanced agricultural methods belong not to some promising imaginary future, but to our own pre-Columbian past. The intensive *chinampa* system of cultivation is a masterpiece of technological thinking—and this is no exaggeration. Our pre-Hispanic forebears developed in uneven ways: they were backward in the matter of human rights, for example, and in metallurgy, but they were vastly, astonishingly progressive in terms of ecological harmony and hydraulic and agricultural engineering.

Xochimilco is the only living testimony to a way of life that prevailed in the Valley of Mexico for thousands of years. Xochimilco is not just a place: it was never simply *there*, like a mountain, a jungle or a glacier. It was created part and parcel by the hand of man; it was conceived, invented and constructed by the engineering and artistic genius of pre- Columbian farmers.

And what a landscape they built. The waterways between the *ahuejote* willows, the subtle Impressionist features beneath the light of the high valley, the apotheosis of fertility in the comforting, austere silence where those "soft chucking sounds, those *xes*, those *tles*, those *ches*" of Nahuatl speech must have carried so clearly, flowing with the "sweetness of maguey sap."

Every landscape has its own history and explanation. This is why every landscape is an enigma laid out before us. The landscape of Xochimilco becomes polished and clarified by Braudel's groundbreaking notion that history encloses three layers or strata which are simultaneously operative. First comes the deep, broad layer of basic conditionings; it is followed by a more agitated layer, corresponding to the great historical conjunctures that define given epochs or centuries. Finally, over the deep and the conjunctural strata, we find the light foam of political events as described in history books, including wars, parliamentary debates, or the deeds of individuals acting within their own narrow horizons.

The landscape of Xochimilco is wise and essential. It therefore belongs wholly to the deep layer of history, to the exclusion of the other two. The deep layer is very slow to change; it alters so minutely and so gradually that it appears not to move at all (whereas the other two layers are progressively more trivial and mutable, more exposed to the winds of the temporal and the perishable).

Xochimilco embodies the stern, responsible gesture of the provident father. When the Spaniards arrived, Tenochtitlan was a larger and more populous city than any in Europe (with the possible exception of Naples). Such magnificence would have been impossible without the quiet agricultural labor of Xochimilco, a fiefdom that had been subjugated by the Mexican empire.

The essential traits of the landscape were already present: cultivation, deference to the metropolis. This situation, well-established at the time, was not destined to change. The metropolis certainly changed along with its rulers, but not so the demure market garden that remained at its post, like a nurturing *basso continuo*, underpinning the fickle melodies of history.

What did it matter to the refined Xochimilco farmer who was ruling in the city? We are egocentrics and narcissists, imagining that what matters to us must be of interest to everyone.

Xochimilco was first decreed to the restless *capo* Pedro de Alvarado for a short period. After that it became an Indian Republic (meaning that it was directly dependent on the Spanish Crown), and carried on as it had always done. It was slowly evangelized—though one still senses a certain pagan, polytheistic spirit drifting over the canals—and it carried on as before. The centuries of colonialism went by and Xochimilco soldiered on, unnoticed; it was close by, but concealed. Independence was declared, and Xochimilco still carried on in its own way. The advent of the Steam Age did nothing to change the agricultural paradise, which continued as before. At last Porfirio Díaz discovered the potential for tourism in Xochimilco and, almost overnight, it was transformed from secret garden to emblematic representation, as typically Mexican as the eagle and the serpent, or the fifteenth of September.

The city that for so many centuries had ignored this neighboring orchard, now focused its troubled, insatiable gaze upon it. Porfirio Díaz, Xochimilco's foremost admirer and popularizer, was determined to succeed where chiefs and viceroys, presidents and dictators, had failed: he would tame the waters of the Valley. Accordingly he built a modern drainage system, with a Grand Canal to prevent once and for all the floods that were the scourge of the capital, as well as providing fresh drinking water for the city. And where did he find the water to flow along this modern drainage system? The springs of Chapultepec, Desierto de los Leones and Santa Fe were hardly sufficient. Where then? Eager politicians were quick to pounce on the unsullied fountains of Xochimilco, for these would quench the city's thirst.

The dastardly deed was accomplished by means of an aqueduct twenty-seven kilometers long, drawing Xochimilco's water away to the pumps in the Condesa area. So began the defilement of the enchanted garden. An odd fact: the city borrows Xochimilco's water and returns it in the form of treated sewage, so the market farmers exchange their limpid streams for secondhand water from the city and its industries, inadequately cleaned and never in sufficient quantity. What's more, precisely in San Juan Acuesomac—where the richest spring of the whole Basin of Mexico used to rise, now reduced by overexploitation to an exhausted trickle—we find a hideous water treatment plant. How aptly this illustrates the ongoing conflicts between the country and the city! It is a telling image for much of what we call, or used to call, national progress.

However, we have changed quite a lot in recent years. There is—there has been—a degree of moral evolution, and this seems to me the basic premise of any mental and political sanity. Now we are concerned, like the ancient Persians, with the health of our rivers, air, sea and forests. The besieged garden has not yet surrendered, and we must help to save it. The work has already begun: what was slowly contaminated must slowly be decontaminated. In Xochimilco, San Gregorio Atlapulco, San Luis Tlaxialtenalco, Tlahuac and Mixquic, where the Spanish and Indian names mingle their long-accumulated histories, the work is under way. But we must remain watchful because, to elaborate on a well-worn saying, politics will pass but the rescue project is always with us. ❀

Translated by Lorna Scott Fox.

A GARDEN IN TIME

XOCHIMILCO, A FOUNTAIN OF HISTORY

by Erwin Stephan-Otto

Xochimilco is one of the many settlements that have existed since the distant past and have managed to survive to this day. This is owing to its many longstanding traditions, both sacred and profane. They have persisted all this time due to their significance in the active and revitalizing present of ancient wisdom that has been modernized through the same transformative process, in order to remain relevant in this day and age. For this reason, and with the help of historic documents, we know that the first Nahuatlac tribe to settle this region established contact with other inhabitants and thus initiated a unique

José Guadalupe Posada. Santa Anita. Engraving.

exchange among the two groups. It is also common knowledge that from that point on, the ecosystem underwent a series of rather abrupt changes, some caused by human intervention and others due to natural phenomena. We know that the people of Xochimilco resisted the adversities brought on by their changing environment, motivating the population's efforts to return to the previous order, which seemed on the verge of disappearing.

Having lived in a state of constant struggle since ancient times, the Xochimilcas were able to turn the shores of Lakes Xochimilco and Chalco into inhabited and natural spaces which generated knowledge regarding the existing order, helping to sustain the balance necessary to be able to exploit the region for diverse products. Such knowledge was not limited to dry land but extended to the islets scattered around the lakes, where material and symbolic exchanges occurred between the different groups living in the basin and surrounding areas.

The lakes were a highly transited place, as crossing a body of water rather than skirting it could drastically reduce the distances traveled. This allowed the local people to discover the many benefits to be reaped from the water, leading to the formation of an entire lake culture and the transformation of the shore-dwellers' diet. They created an agricultural system that did not rely on the cycle of rainy and dry seasons, but rather was based on the use of the *chinampa*. Then as now, the chinampa was a cultivatable bed formed from an accumulation of plant material and mud caught in the interlacing roots of the *ahuejote* willow, surrounded by canals and with stone borders that served as protection for the chinampas and as landing docks for canoes.

A whole culture of water grew up around the cultivated chinampa, in the moist and fertile land that was created by human yet benevolent hands that began appropriating unspoiled areas without affecting the natural balance. Chinampas are protected from the wind and bright sun by the ahuejote trees sown along the edges of the canals. Borders of stones and ahuejotes mark the division between different chinampas, and the water flows along the canals separating them. The Xochimilcas still transport produce along the narrowest canals, called *apantles*, garnering two or three harvests per year. The canals also offer the opportunity for the barter of agricultural products and an exchange of practices, beliefs, knowledge and so forth with other cultivators. The Xochimilcas were concerned about protecting the environment by continuing to cultivate the chinampas and navigating the canals in flatboats called *trajineras*, which came to symbolize the regional identity, affecting social conditions, the belief in environmental protection and social processes, and enabling the continuation of customs and practices dating from centuries previous. This is why Xochimilco has not changed as much as other parts of the Valley of Mexico. Its inhabitants continue to observe age-old beliefs and traditions to this day, because even now, Xochimilco's chinampas, canals, bodies of water, products, customs and greatness can be seen all over: flowers (which even appear in the place name), vegetables, the color of dreams, aromas that waft over fields and canals, birdsong that accompanies the croaking of frogs, raindrops that quickly become storms in July, enterprising women, and the desire to continue living through the ages. ❀

Translated by Michelle Suderman.

A Brief History of the Chinampas and Three Dreams

By Dominique Dufétel

The landscape of the *chinampas* was a borderland of earth and water, at the frontier between village life and the untamed world of the lake.

What might this lake have meant to the first people who settled its banks? A sea of fertility, a fountain of life. But also an unsettling place of immense and unknown depths. It was a space plagued by dangers and suffused with the sacred, a source of obscure legends like those that passed through ancient Europe when it was covered by the original forest, Dante's *silva*. In Europe, the forest was gradually tamed through the gradual yet massive deforestation instigated by medieval European priests. In Mexico, the primitive aquatic *silva* of the Valley of Mexico was civilized through the construction of chinampas.

The chinampa (from the Nahuatl *chinamitl*, meaning "hedge of reeds" or "plot of land fenced with interwoven sticks") served as a barrier against the unknown, a cultivatable bed constructed over the water, thus obscuring the lake and reducing its smooth yet threatening expanse. But the water did not disappear altogether (it was not the lake that the early inhabitants feared, but rather its sheer size, its untamed nature, the ever-present potential for flooding): canals were left between the different plots of land. The point was not to reclaim land at all costs, as in the case of the polders created from marshy lands in the Netherlands, Flanders, Picardy and Brittany. Here, there was a compromise, a dialogue between water and land; the canals tamed the water and made it useful as a mode of transportation. The waterways provided a means of moving heavy loads with minimal effort in a world where the only beast of burden was man himself. The result was this transition, a space both amphibious and ambiguous by nature, like the axolotl that inhabits its water—its emblematic animal.

This manner of colonizing the Valley of Mexico was not exclusive to the Xochimilcans on the southern shores of the lakes. Building plots of land over water in order to expand settlements and create a city was also common on the banks of the immense Lake Texcoco and later, around the islet where the city of Tenochtitlan was founded. Each chinampa was a separate property that included a house, a garden, and above all, white *ahuejote* willows which created the fence around each chinampa. These trees, together with the network of waterways, were typical elements of the lake city's landscape.

Until the 1940s, a large part of Xochimilcan houses were built on chinampas. Gradually, however, the whirlwind of modernity reduced the flow of water traffic; canals were filled up and became solid ground. In today's urban landscape, the network of waterways—so like the one that defined ancient Tenochtitlan, the city that seduced Bernal Díaz del Castillo—have left an imprint on the city's fabric, the canals now merely vestiges glimpsed in the maze of narrow passageways that meander through older neighborhoods: a labyrinth of paved, petrified water.

Urban chinampas have disappeared from the Valley of Mexico, and with them has gone the city's basic conception: the native lake city was lost to the Spanish terrestrial city. However, the chinampas truly achieved their highest expression in rural regions: a landscape covered with the chinampas that we know today as Xochimilco's trademark. What remains is the visible fragment of a complex world of knowledge and imagination that originated hundreds of years ago in a munificent natural world, which now lies in the throes of death.

Building the Lake City

Along the southern shores of Lakes Xochimilco and Chalco, nature blessed early settlers with three gifts: shallow waters, freshwater springs and lush aquatic vegetation. Perhaps taking the idea from a water serpent that was to later become a cultural hero throughout Mesoamerica, the settlers realized they could gather and join the dense layers of water plants to form a green bed which they then covered with mud from the bottom of the lake. They would then secure the soil by planting ahuejote stakes around the edge of the chinampa, which would eventually take root and grow into trees, forming a sort of fence around the property.

On top of this extremely fertile artificial field, they planted edible plants which helped to sustain Tenochtitlan's numerous inhabitants or were given ritual use. The lake dwellers invented a complex system of cultivation by adapting their tools, movements and rhythms to the nature of the landscape that they had created. To take advantage of the constant supply of underground irrigation, the chinampas were constructed so as to be light and extremely elongated, and they were all positioned in the same direction, joined by the surrounding waterways. But the people of the chinampas kept up certain aspects of their old lifestyle, continuing to fish in the canals and making occasional forays into the lake's natural, sacred and untamed wilderness to hunt for birds or to gather tule rushes. Only later would they venture away from the lake into the hills, settling the forests, exploiting them for the wood and clearing the land for fields which they cultivated.

The chinampas reached their golden age between 1400 and 1600, during the last century of the Mexicas and the first century of the Colony. The complete conquest of the lake basin was not enough to destroy the paradise which many generations of indigenous people had built according to strict principles. The chinampas reflected the values and priorities of the people who created them: the delicate balance between fresh and salt waters, between the unpredictability of the weather and the life cycle of hundreds of plants; the unity of thousands of families; and the sacred pledge made to the gods of fertility and the elements.

However, throughout the sixteenth century, the chinampas gradually began to disappear, drowned by rising water levels, left to rot by the aquatic *silva* of the new order. Still, the knowledge of how to cultivate a chinampa remained intact in the minds of the few who managed to survive epidemics, migration and forced labor. When the building of chinampas and the cultivation of produce and flowers to supply the colonial capital were resumed, little had changed. Some new species were planted, others were given up, and certain areas were transformed into dry pasturelands. In general, the Spaniards—in spite of (or perhaps owing to) their terror of water—did not directly interfere with the chinampas. Instead, the slow dissolution of this agrarian system which we witness today has been caused by the gargantuan enterprise of draining the lakes—a consequence of the Spanish preoccupation with dryness—which was undertaken during the seventeenth century and lasted more than three centuries.

José Guadalupe Posada. Engraving.

The final blow to this living organism came in the early twentieth century when the prefect of the region authorized the inhabitants to settle on the southern bank of the lake, reclaiming the land and rebuilding the chinampas. The dwellers of the region interpreted this move as some kind of divine license to wantonly seize and exploit the land.

Of all the rural landscapes in the Americas prior to the Conquest, only the chinampas have survived to this day. It is one of those rare miracles which occasionally happen in Mexico, parallel to its capacity for self-destruction and its dark recalcitrant spirit. The chinampas have remained a fortunate exception, an enclave in time, an island of culture.

So let us attempt to penetrate that ambiguous and amphibious universe which blends the natural and the human, sacred and daily rituals. Let us travel to an unspecified time before the final collapse of the chinampas in order to see, hear, smell and savor this lost paradise.

Few civilizations have succeeded in creating the landscape of their dreams—a fact which may explain the need to invent such idyllic scenery in literature or painting. Works of art depicting the chinampas have always been the product of an exterior view, the vision of the Other, the image and myth of paradise. Perhaps the people of the chinampas have not created art because, as the French Surrealists said of Mexico, the world they have created is so aesthetic, it does not need art.

To penetrate the realm of the chinampas is to enter another dimension, to plunge into a different concept of the universe, to caress—albeit with our secular fingertips—the sacred edges of the ancient world.

First Dream: Xiloxochitl, Red Flowers

Under a gray sky, cool and calm, I enter as if gliding on the river of sleep, into fields of fragrant red flowers that overwhelm me and leave me breathless. I observe everything from a strange position—from the surface of the water. A crowd of young Indian women skillfully cuts flowers. They sing, but their voices are drowned out by the excessive vegetation and barely reach my ears. They sing sad hymns in an unfamiliar language. Hundreds of hummingbirds flutter as they suck the sweet juice from the flowers. I pass by wooden boats laden with an abundance of red poppies, silently propelled by men dressed in white.

A delightful anguish washes over me: this paradox of the flowers which surround me, their extreme fragility as opposed to their sheer excess. I understand that I am not walking through an ornamental garden, but through a sacred space. I have the sudden but very vivid sensation of having seen, between two rows of ahuejotes, a very large quadrangular rock covered in dried flowers and decaying plants which ooze blood. The smell of poppies induces an ever greater feeling of torpor. Is it a grave covered with marigolds on the Day of the Dead, or a Mexica sacrificial altar? No holiday can be celebrated without plenty of flowers. As if in a story by Hans Christian Andersen, poor Xochipilli—the god of flowers, music, play and celebration—has been reduced in rank to the prince of flowers. Mexican fiestas, though playful, are bloody by nature. The final and ultimate game is human sacrifice, and flowers represent the blood of victims. Xochimitl: flower-arrow. Xochiyaoyotl: flower-war. Xochimicque: the dead victims of the flower-wars. Death and resurrection.

The dead warriors of the sacrifice, the dead flowers, reborn as hummingbirds that live off the honey of the flowers… At the end of my smooth journey over water, it is night. Chanting fills the church of San Cristóbal. The poppies shine like red flames, surrounding the image of Christ: Christ sacrificed, Christ exposed, Christ reborn. Outside, young Indian women dance. The celebration of rebirth: it is Easter Monday, the Monday of poppies. I feel my body plunging into the perfume of so many flowers.

Second Dream: Chinamitl, The Living Fence

In the amber light of the evening, I reflect on a landscape which trembles in its fragility. I am moved by this vision. The view, cut off by the obsessive rows of ahuejotes, includes no more than a narrow field separated from adjacent ones. It is an intimate vision which reassures me further when I become aware of the sense of isolation evoked by the imperceptible movement of the water around me. It would be a silent place were it not for the constant murmur of the breeze stirring the tall willows all around me. Nonetheless, I do not hear the arrival of a man who now descends from his wooden canoe—a flatboat that skims across the surface of the water. He ties the boat to an invisible post among the lilies growing wild on the banks. Before disembarking, he cups his hands to drink a little water from the canal, as if in a ritual gesture. Once cleansed, he sets foot on the dark soil of the chinampa. He does not seem to notice me. I am attentive to his every move. He is not a common countryman. The hems of his pants rolled up, his bare feet never seem to touch the ground, merely resting on it. He does not have the heaviness, the weight of a man of the earth, being more of an aerial (celestial perhaps?) spirit, more at home on water than land. Perhaps because the heavy, packed soil and mineral earth of dry land does not exist here. I feel my body floating above a bed of plants. Here the ground is deceiving. To touch it is to feel the vibration of the water beneath it. To walk with shoes is to run the risk of one's feet sinking into the soil, ruining the garden. The man has begun to work without my noticing. His movements are precise and noiseless. With a simple tool, he drills little equidistant holes in the ground with a speed that borders on virtuosity. The spongy black soil, light and delicate like that of a tropical rainforest, is so fertile that it barely needs to be tilled. This land has never known the plow, the weight of machines, or even the weight of an animal. The man does not hurt the land with his work—he merely brushes against it, reminding me of the hands of a magician who doesn't seem to touch the objects of his tricks. To my regret, rather than setting in a blood-colored evening sky, the golden sunlight has become brighter, nearly white. I suddenly realize it is midday. This man who I now see disconcertingly close, separates small mounds of dark soil with his hands, preparing the green saplings to be transplanted. He has been working since early morning. Pearls of sweat glisten on his forehead.

A small boat silently approaches the plot of land and a woman descends from it bearing a basket covered with a white cloth. I watch the two as they talk for a few seconds, observing the fields. The woman then returns to her boat and prepares to paddle away. A daily ritual. The man sits in the shade of a willow and eats. His eyes, drained by the efforts of the long morning, rise to the clear sky, responding to the call of a lark flying upward into the zenith of midday. His gaze is lost in the skies—the true horizon of the chinampas. I observe the willow stretching toward the sky and feel my body resting against it for moments. I feel the anchored boat floating, the mast shaking disturbingly from above—from the celestial regions where the spirit could lose itself. I have seen few trees as strong and erect as these "jade columns"—supports for the celestial world, axes of the earthly world. Water sounds bring me back to earth. From his boat, the man is irrigating his freshly planted field. With an enormous wooden spoon, he splashes water from the canal onto the chinampa in a rhythmic and harmonious motion, using his entire body as leverage.

The music of hundreds of waking birds seems to burst forth from the luxuriant invisible depths of the chinampas. I can't remember at what point I was left alone again. I was suddenly awakened by the damp cold of the dawn. Between tattered clouds that dissipate with the first rays of sunlight, I see the first canoes of the day passing over the surface of the water. At that indecisive time, from the chinampa where I am standing, I can hardly see into the depths of a canoe passing by me, full of axolotls that are still moving with uncertain life.

José Guadalupe Posada. On the Xochimilco Canal. Engraving.

Third Dream: The Waters of Mystery

Followed by young voices, cries and laughs in a sharp yet melodious language which I cannot understand, I enter the night, gliding on water. The light of countless torches reveals no more than our own blindness. I can only imagine the clear water of the lake as we progress. It is an act of faith on all our parts. Perhaps it is the gentle splash of the wooden pole as it enters the water that makes us believe in this, or maybe it is the delicate dripping every time it emerges from the water. For if we were to look out of the boat, the fire from the torches would reveal only a glistening darkness, a disgusting viscosity. But the coolness of the air on this solstice night reassures us. Together we share the tacit certainty that this must be done at night… tonight. From afar, a fiery light shines on the dark hollowness of the lake. Other torches, other canoes filled with voices and the mystical sound of a flute fill the emptiness.

I cannot recall when we extinguished the torches (perhaps in the water as a reaffirmation of the supremacy of water over fire which is so unappreciated in these lands). We undress and plunge into the munificent element. I just know that we have now entered a different reality, closer to that of the axolotl, closer to the unknown which we came looking for on this night when worlds touch and we are able to feel the mystery of the waters.

As I was about to fulfill my ultimate purification, the last impression I retained of the world outside the water was a shattering scream that darted across the lake and was lost in the density of the chinampas, drowning out the sweet music of the flute and heralding the confused vision of a woman running on the water, which was devoid of all trace of human life. ❀

Translated by Ann Leopold and Rubén Gallo.

Garden of the Gods

The Legend of the Ahuejote

by Rodolfo Cordero López

It is said that in the beginning, Chalchiutlicue—the wife of Tláloc and the sister of Quetzalcoatl—became the Sun Goddess in order to provide warmth and life to the people of the Earth, the *macehuales*. Chalchiutlicue was nevertheless a weak sun, whose dim light and excessive composure began to worry the other gods of Omeyocan, who were also eager to become suns and reign among the peoples of Tlactipac. And so it was that these gods, who had human hearts and thoughts, began upsetting life on Earth and, in a warlike spirit, moved mountains and stirred the seas. Tezcatlipoca, the smoking mirror, unleashed the rains, so that torrential waters swept everything away. Ilhuicatl, the sky, was convulsed by storms, and the lakes and rivers grew so high that all was flooded. The struggle between Tezcatlipoca and Chalchiutlicue buried the land beneath the waters. One day Ilhuicatl, the sky, fell to the Earth and the macehuales perished or were transformed into fish. Thus ended the solar period ruled by the goddess of the jade skirt, and the Earth remained silent for many, many years.

As the other gods saw that the sky had fallen to the Earth and that the Sun had stood still, they agreed to put Ilhuícatl back in his place. They devised a plan: they would build four paths on the Earth so that four men, who would be created for this purpose, could thereby go and lift up the sky. Quetzalcoatl and Tezcatlipoca decided to descend from their place among the stars so as to become trees. Quetzalcoatl chose to be a willow decked out

Photo Library of the National Institute of Anthropology and History.

in emerald-green feathers, and took the name *quetzalhuexotl*, the lovely tree which descended like an emerald bird and sank into the black soil, clutching the depths of the Earth with its powerful roots: the *ahuejote xochimilca* that grows around the *chinampas* which, in mythical times, multiplied in the region's marshland of the area.

Tezcatlipoca, in turn, chose to become a mirror-tree—the tree whose image is reflected in the transparent waters of the channels and lagoons: the *tezcahuitl* or ahuejote which, by means of an optical illusion, seems to sink into the depths of the water and hold up the sky reflected on its surface.

Finally, with the help of Cotemoz, Itzcatl, Izmalli and Tenesuche—the four men created by the gods—the sky was returned to its place together with the stars, the *citlallis*, a lovely adornment on high. They became the keepers of the firmament, and built a path leading to the dwelling-place of the lord of the Gods, Ometecutli: the Milky Way that led to Omeyocan, now reflected in the dark waters of the Cuemanco canal. The last step was to give the Earth back its Sun. Tezcatlipoca became the Sun and provided new life to the planet. ❀

Translated by Lucienne Marmasse.

A GARDEN FORTRESS

Brian Nissen's Floating Gardens

By Alberto Blanco

He who has not seen these strikingly beautiful gardens which up to now have been grown on water, and the ease with which they are transported wherever one desires would think it a mere fiction.
FRANCISCO XAVIER CLAVIJERO

One of Brian Nissen's greatest achievements is the artistic coherence of his work. From his earliest pieces to his most recent ones, pre-Hispanic art has been an inexhaustible source of inspiration, allowing him to capture the essence of some formal aspects particular to Mesoamerican culture. It is perhaps his European origin that has enabled him to explore the creations of ancient Mexicans with such a clear, fresh and penetrating eye. Few artists born in Mexico can pride themselves on a similar accomplishment. In this respect, Henry Moore, another magnificent English sculptor, has set an outstanding example for Nissen.

But what might have drawn this contemporary artist—English-born like Moore, and married to Catalan artist Montse Pecanins with whom he lives in one of Soho's rougher areas—to the floating gardens of Xochimilco? I believe that the answer to this question lies in both the form of the floating gardens and in Brian Nissen's earliest works, especially his sculptures. Furthermore, the *concept* of a floating orchard, which may lead to a series of floating structures—houses, towns, cities—and even echo the mythical foundation of Tenochtitlan, brings a rich and suggestive wave of associations in its wake. It would, moreover, be naive to ignore the historical implications of this peculiar system of cultivation. It is worth noting that like his artistic forerunner Henry Moore, Brian Nissen combines the inspiration of the majestic forms of the pyramids and the enormous sculptures carved in stone by the ancient Mexicans with the speed of execution offered by the technique of modeling by hand. This curious mixture of sculpture and pottery sets out to achieve the best of both worlds. "The difference between modeling and carving," Moore claims, "is that modeling is a quicker thing, and so it becomes a chance to get rid of one's ideas." To what extent has Brian Nissen gotten rid of his own ideas in these earthenware and bronze sculptures of floating gardens? It is difficult to tell. What is clear is that they exude a joyful and contagious creativity; the forms are so free that they resemble kindergartens more than floating gardens. Nevertheless, one must not be deceived: the apparent simplicity of these pieces is the result of long years of reflection and work. In one sense, these floating gardens might be described as floating fragments, "islands adrift" (the title of a so-called anonymous book by José Emilio Pacheco) that have escaped from one of Yves Tanguy's phantasmagoric landscapes. In another, they might be described as a fortuitous encounter between the remains of Atlantis and the ruins of modernity in a city which, for want of a better name, I shall call Manhatitlan.

Brian Nissen's floating gardens resemble islands adrift like weightless chinampas emerging from a codex. But did the chinampas actually float? The evidence is contradictory. Floating gardens were described by Clavijero, Acosta, Humboldt, Orozco y Berra and Santamaría, whereas Ponce, Alzate y Ramírez and Torquemada provided lengthy and detailed descriptions of the way in which the floating gardens were constructed and did not hesitate to call the gardens artificial islets that had taken root in the muddy shallows of lakes and lagoons. So what about Nissen's chinampas: do they drift or are they rooted in place? As in all works of art, these sculptures respond in their own way to the language of paradox. At once adrift and immobile, they speed along and remain still; their vertiginous calm points in another direction.

Except for some pieces that rest on a sandy base and a project for six large bronze sculptures standing on an enormous slab of black marble and a film of water, almost all of Nissen's chinampas float on dark mirrored bases (perhaps recalling the smoking mirror, Tezcatlipoca), which in turn rest on wooden bases. The mirror is covered by two sheets of clear glass, producing a gentle play of reflections. Moreover, all the pieces reproduce the elongated shape of the chinampas and convey, in harmonious disorder, every kind of form evoking the vegetable, mineral and animal kingdom. Perhaps Nissen's floating gardens merely transmit dreams for our re-creation: pure forms from the realm of the imagination.

Brian Nissen's sculptures provide a simple and surprising formal solution that has precedents in traditional arts (I am thinking here of certain pre-Hispanic clay maquettes), but very few parallels in contemporary sculpture. Curiously, the only examples that come to mind are from Great Britain and France. Among these are several pieces by the English sculptor Barbara Hepworth depicting groups of people; the archaeological reconstructions of Anne and Patrick Poirier, French sculptors who create poetic architectural collages; and the bronzes of another English sculptor, Michael Sandle, whose tombs, vehicles and bridges always recall—like Nissen's work—scale models for great monuments that have yet to be constructed. ❀

However, more than sculptures, these floating gardens remind me of the work of certain painters. In my opinion, it would not be an exaggeration to say that Nissen's pieces offer a three-dimensional rendering of some of the tenets of action painting. Just as the painted surfaces of works by artists from the New York School served as an arena where the action, spectacle, drama or fiesta of painting are enacted, the same might be said of the platforms that lend unity to Nissen's floating garden series. The base is none other than the arena that sustains the sculptural happening: it is at once action and imprint, history and the written testimony of history, a playground and meditation. It is a poetic act and the mythical foundation of a city adrift in time, which, anchored to the earth of the moment, has the distinctive weight and grace of evanescence. ❀

Translated by Charlotte Broad.

GARDEN OF THE SUN AND MOON

Images

By Alejandro González

April Haiku

These aging canoes
In search of the cool evening:
Burning with the sun.

Intruder

It is March.
Night has fallen.
And the Moon is an intruder over the canals,
a luminous fog over the chinampas.
These ahuejotes, form palisades that sever each clearing.
This gentle water, smothered in silence, surrenders to the lillies.
Pasture, silt, the drowsy earth,
the riverside vanishing, the sordid rooms, the animals,
and yet
    the Moon.

Translated by Roberto Tejada.

A COLONIAL GARDEN

Religious Art in Xochimilco

by Carlos Flores Marini

A vital source of food for Mexico City, Xochimilco rose to the rank of city early in the second half of the sixteenth century, in 1559. This induced a parallel development in the economy and culture, along with the town's thriving agricultural and animal husbandry industries. In his encouragement of the native chieftaincies, whose aim it was to consolidate the indigenous noble class and secure its allegiance to leader groups of the ancient Tlatoanis, Hernán Cortés conceded several chieftaincies in Xochimilco to prominent families of the fledgling society: the Mendoza Austria Moctezuma family, descended from the last emperor, as well as the Tellez Cortés clan, descendants of Diego Cortés, an eminent Indian of Xochimilco who was personally baptized by the conquistador in 1529. Another eminent Indian to receive a chieftaincy was Martín Cortés Cerón y Alvarado. These chieftaincies reaffirmed the Spaniards' territorial policy of preserving and even increasing indigenous property outside city limits, in the hopes of subduing conflict within a new Spanish city erected on lands formerly occupied by many Indian nobles.

In the early days of the colony, Xochimilco was divided into three indigenous zones that later gave way to barracks and mayoralities: Tecpan, in the city center; Tepetenchi, in the foothills of the mountains; and Olac, an outlying area of scattered homesteads. This original formula suffered numerous amendments during the viceregal era, and the number of districts—named, as they still are today, after different trades—increased steadily to seventeen in total. The present municipality includes fourteen villages.

When the Spanish Crown put Xochimilco under the command of Pedro de Alvarado, the community soon felt the impact of the new religion and saw the arrival of such brave and illustrious Franciscan missionaries as Fray Martín de Valencia, who in 1525 began his spiritual labors in the region, barely one year after landing in Mexico with two of the first evangelist monks under his wing. In the wake of this noted clergyman, the greatest Franciscans of the era were to pass through Xochimilco—from Fray Pedro de Gante y Motolinia to Fray Andrés de Olmos y Sahagún, who employed the Indian Mateo Severino as an informant. No less important figures were Fray Francisco de Soto, who began construction of the building of the San Bernardino Parish Church in 1535, and Fray Jerónimo de Mendieta who drew up the plan for the first seven barrios in 1575. The humanistic nature of all of them exerted an undeniable influence on the intellectual molding of several Xochimilco Indians, especially Juan Badiano, who translated the Nahuatl writings of Martín de la Cruz into Latin in 1552. Today they are known as the Badianus Codex, which Pope John Paul II returned to Mexico during his 1990 visit. Badiano was able to rise above the Spanish prejudice that regarded the Indian as inferior, and his talent was honored with a professorship at the famous Colegio Imperial de la Santa Cruz, a school founded after the Conquest in Santiago Tlatelolco. Given the city's profile as an indigenous community wholly devoted to chinampa farming—on which New Spain and its provincial cities largely depended for fresh produce—civil buildings in Xochimilco were of a utilitarian nature, virtually devoid of all the artistic merits of religious structures and their furnishings. In fact, every barrio featured a parish church, chapel or hermitage, depending on the importance of each district. Their construction began in conjunction with the conversion to Christianity, the first five years of which marked a period of catechistic initiation. Religious instruction necessarily took place in the open, in front of a temporary structure consisting of a simple thatched palm roof held up by four tree trunks, under which the first religious rites were performed—until 1535, that is, when construction began on the San Bernardino de Siena Church.

Originally featuring a vaulted roof in the presbytery and an ornate wood ceiling over the nave, it remained that way at least until the late seventeenth century, given that the historian Betancourt wrote about the woodwork in 1696. Years later, perhaps due to deterioration, the wood roof was replaced by the present vault with the octagonal Brunelleschian cupola so massive that it required the installation of strong buttresses, one of which invaded the cloister. An inscription gives the completion date of the façade as 1590, which likely also marked the completion of the church itself. Before the main façade was finished, the common entrance must have been on the north side through the so-called Door of Porziuncola which, from that moment on, began to assume its specific duty, being blocked by a wall that was only removed on solemn occasions to grant indulgences. During the completion of the north side entrance (1551) and the main façade (1590), the open chapel in the form of a balcony sustained by a buttress near the Door of Porziuncola was no doubt used frequently.

The monastery, built around 1585, displays the typical two-level cloister with a beamed roof that rests on a double archway with narrow columns. Its walls still show traces of paintings in a Mannerist style, which unfortunately have since been covered. The place served as an educational center, with famous teachers like

Marcos de Niza (arts) and Juan Lazcano (trades). The latter built the nearby church of Tepepan (1612–1621), with the only known fired clay baptismal font in existence, dating from 1599. After the secularization of the convent, the school continued to operate until 1850, when the church's parishioners numbered 11,986.

Although the church exterior is of unquestionable artistic value (particularly the façade of the Plateresque, Manueline Door of Porziuncola and the austere Renaissance-style main façade, the interior is what leaves the visitor speechless. Flower motifs and studs bearing skulls of pre-Hispanic influence are featured on the interior buttresses. These create a counterpoint to the different altarpieces, ranging from the late sixteenth century (the first retable inside to the left) to the seventeenth and eighteenth centuries, like the one dedicated to the Virgin of Guadalupe. The second body of the latter reveals a superb sixteenth-century Saint Sebastian, mentioned by Mendieta in his ecclesiastical history of the Indies as one of the images that was adopted in 1755—when he was curator at the monastery—"as an advocate" to rid New Spain of the plague that ravaged the country. Of the altar erected for this purpose (no longer in existence), only this image remains. The remnants of the baroque choir stalls placed above the presbytery complement the sixteenth-century altarpiece.

The crowning glory of this complex is the great Renaissance retable that dominates the church. Together with the Huejotzingo and recently restored Cuauhtichán altarpieces, it forms the trilogy of major sixteenth-century retables that are still preserved.

The altarpiece is composed of seven rows and four bodies, alternating four rows of sculptures with two paintings, and a middle row where the focal points of its pyramidal iconographic composition are located. Guillermo Tovar de Teresa has pointed out the erroneous position of the crucifix which alters the composition. It should figure immediately below the heavenly Father at the top of the retable. The sculptures, except for the poorly-restored Virgin of the Assumption, are beautifully crafted and suggestive of the Andalusian school and possibly the works of Luis de Arciniega. The paintings showing scenes from the life and death of Christ seem to be the work of Baltasar Echave Orio the Elder. The lower section of the magnificent San Bernardino de Siena relief portrays diverse characters, two of them possibly Indian leaders of Xochimilco in prayer, accompanied by other decidedly Iberian figures, such as one conspicuous individual behind the Indian male: a portly, bearded and balding Franciscan monk. The whole of this majestic retable rests on a predella, where the twelve Apostles lend iconographic substance to the composition which features the Doctors of the Church, preachers, the founders of the different orders, martyrs and ascetics.

Opposite the Virgin of Guadalupe altarpiece, over the door to the sacristy, there hangs an expert copy of Caravaggio's *Crucifixion of Saint Peter* (the original is kept at Santa Maria del Popolo in Rome). The copy has been attributed to Juan Sánchez Salmerón. Of the collection of paintings in the church, the great mural painting of Saint Christopher on the side wall catches the eye. A symbol of good fortune, the figure of Saint Christopher was the subject of many portraits throughout the colonial epoch and, despite its prohibition by the Synod of Cambray (1965), in Mexico the figure continued to be placed both outdoors, as in Santiago Tianguistenco, and in interiors, where images of Saint Christopher are either depicted in small format, like the one in the upper cloister of Oxtotipac, in the State of Mexico, or in gigantic proportions, like those in Tlatelolco, Yanhuitlán and Xochimilco.

The San Bernardino de Siena Parish Church is only the beginning of a series of chapels and churches the visitor can find scattered throughout the Xochimilco district. Touring small neighboring towns and admiring the artistic merit of their religious art proves how long-lost peace and quiet can still be found on the outskirts of the sprawling metropolis.

From Santa María Tepepan to San Gregorio Atlapulco: The Colonial Circuit

Before we reach the town of Xochimilco, let us pay a visit to Santa María Tepepan and its parish church dating from 1599. Inside, we can admire the main altar triptych assembled from the remains of three previously existing retables that were placed in the presbytery in 1970. Its center panel has a stone image of Saint Francis holding the world, on which rests a magnificent sixteenth-century figure of the Virgin and Child. The church's showpiece is the clay baptismal font, dated 1599 and retrieved in 1968 by Francisco de la Maza from an antique dealer who used it as an ashtray.

The old Hacienda de la Noria today belongs to Dolores Olmedo, a distinguished figure in Mexican political and cultural circles who donated the art collection inside—irrefutably the largest collection of work by Diego Rivera—to the Mexican people. The Hacienda also features other art objects.

There are several chapels worth visiting in Xochimilco. The one in the Xaltocán barrio has a seventeenth-century baroque façade and, inside, a fine eighteenth-century freestanding altarpiece with paintings that allude to the Passion of Christ. There is also a sculpture dedicated to Saint Christopher, perhaps inspired by the image painted above the side door of the Xochimilco parish church. The sculpture is in dire need of proper restoration. The sixteenth-century niche presently occupying the mid-section of the parish church altarpiece was originally displayed in the Xaltocán church. A splendid painting in the sacristy was rendered as an ex-voto in 1752 and signed by José de Páez.

The restored church in the Belén barrio features a dramatic statue of Christ tied to a column, bleeding and with exposed ribs and elbow bones.

The San Pedro barrio lays claim to the oldest building of viceregal Xochimilco, built in 1530 as a wayside shrine. A tower was added during the eighteenth century, and today it is a chapel dedicated to Saint Peter the Apostle. Its smooth façade was recently removed for restoration, laying bare the material beneath.

Xochimilco's vast religious heritage can be viewed by taking two wide-ranging tours. The first will take us to higher ground for a striking view of the valley and its canals (smog permitting), from San Francisco Tlalnepantla. The starting point is Santiago Tepalcatlalpan where, in addition to the parish church of 1770, we find six small constructions resembling *capillas posas* (a type of open chapel) scattered throughout the general area. It is likely they once served as family shrines, each decorated in different ways. They appear to have been constructed in the late seventeenth or early eighteenth centuries, and have since been incorporated into private residences.

The parish church preserves several striking works which include two eighteenth-century renderings of the traditional patron saint Santiago or Saint James. There is also a splendid Virgin of Guadalupe and a number of seventeenth-century statues with *estofado* or giltwork that may well have belonged to a former altarpiece. A large oil painting in the sacristy alluding to the sacraments (1720) is signed by Hipólito de los Olivos. En route to San Mateo Xalpa is San Francisco Tlalnepantla. After first admiring the view, we should visit the modest church. Recent repairs have uncovered the irregularly-shaped voussoirs of its arches. It features a well-crafted, very bloody eighteenth-century statue of Christ.

Returning on the same road, we detour to the right toward San Andrés Ahuayacán for a look at the well-kept vestibule in front of a simple seventeenth-century chapel which is also found in an excellent state of preservation. Inside is an eighteenth-century statue of its patron saint done in the estofado technique. A sixteenth-century holy water font is the only thing that reminds us of the remote origins of this parish church, which was rebuilt in 1789. The same road will take us to Santa Cecilia Tepetlapa, an austere church erected in the seventeenth century. A statue of the patron saint of musicians, Saint Cecilia, watches over her church from the presbytery and is the object of singular devotion. In contrast to a strange representation of the Holy Burial, in which Christ's image is nude, Saint Cecilia's dress is changed every month. There is a well-sculpted but rather clumsily restored baroque statue of the same saint in the sacristy.

Leaving San Andrés Ahuayacán behind and to our left, we come to San Lucas Xochimanca, the final stop on our first tour. Erected in the 1500s, this church underwent alterations in the eighteenth century and was rebuilt in 1897. Traces of mural paintings remain, as well as a bleeding Christ and a baroque font. In order to fit into a narrow vaulted niche, the patron saint's effigy was separated from its symbolic bull, now a melancholy observer from outside. A canvas portraying a popular depiction of Christ bearing the Cross is signed Lorenzo Tiburcio Rosas (1732).

Our second tour begins in San Lorenzo Atemoaya and concludes on the outskirts of Xochimilco, in Santiago Tulyehualco. The massive somber church named after Saint Lawrence vividly recalls several simple sixteenth-century churches in Mexico. At the back of the grim, ascetic enclosure crowned with a belfry, we find the saint in the southwest corner of the vestibule. Inside, the north wall of the nave holds a large image of Christ made of cornstalks, typical of the sixteenth century, and a stern figure of the martyr with a gridiron is featured on the main altar. Neighboring Santa María Nativitas invites us into its church where the traditional viceregal floor plan and the original tower are still preserved—though the façade would seem to date from the nineteenth century. Apart from the two Christs—especially one on the main altar—we should not overlook the academic rendering of the Virgin of Guadalupe by the Jesuit Gonzalo Carrasco. This talented painter lived in Tepozotlán, in whose refectory he painted the Last Supper, now missing. The oil painting here, in the right side-chapel, shows this cleric-painter's brushwork at its best.

Still standing in the barrio are a couple of solid structures that once formed part of a hydraulic system erected during the Porfirio Díaz administration. It was used to carry water as far as the Condesa pumping station, whose façade is now that of the Casa de Cultura in Tlalpan. What is left of a few of the vents is still visible along Division del Norte Avenue. In the adjoining community of Santa Cruz Acalpizcan, a construction beside a reservoir which belonged to the same hydraulic complex currently functions as an archaeological museum.

Despite multiple repairs, the church situated in the Lázaro Cárdenas Garden still displays features from the late sixteenth century, and statues from the viceregal era still line its nave. There is an archaeological site in the vicinity.

Erected in the seventeenth century, what is known today as the San Gregorio Atlapulco Parish Church first began in the sixteenth century as a simple thatched shelter that, one hundred years later, Fray Alonso de Paz Monterrey would turn into a monastery. Several annexes still exist, including an arcade of depressed arches. The church preserves a few vestiges of old murals and a sumptuous baptismal font from the sixteenth century. The interior is graced with several statues and crucifixions, including Dismas and Gestas, as well as Saint Paschal Baylon (the Mexican patron saint of the kitchen).

Before we wind up our tour, we must visit the San Luis de Tolosa Parish Church in Tlaxialtemanco. Though its construction began in 1633, its contours have not changed. It has the typical profile of other local churches: a nave without transept and with a single tower which, in this case, is embellished in the second body by small stone sculptures representing the Doctors of the Church. A naive Saint Sebastian tied to a tree (but minus his arrows) welcomes us in the area beneath the choir gallery. The statue appears to have been crafted in the late sixteenth-century. Hanging above the niche containing Saint Sebastian is a popular rendering of another Saint Sebastian, pierced by Indian arrows rather than those of Roman soldiers (the year 1789 is inscribed at the bottom right-hand corner where the donor's name is mentioned). Similarly, the fine woodcarving featured in the statue of Santiago Tlatelolco shows the indomitable warrior attacking Indians rather than Moors. The length of the nave is enhanced with sculptures, paintings and two crucifixions—one behind the main altar and the other in the parochial annexes. We conclude our second tour in Santiago Tulyehualco, whose parish church features three paintings by José Polanco, an artist from the late eighteenth century who, in 1795, painted the San Sebastian de Aparicio found in this temple. The other two pictures representing biblical passages are of finer quality though they denote the uneven character of this painter's work. While most churches features an equestrian statue of Saint James, here the saint has been replaced with a figure of Christ.

The main baroque altarpiece with its truncated pilasters was pillaged and its paintings stolen. The left side of the nave is graced with another altarpiece. Several pictures with congruent iconographic themes suggest the existence of additional retables which must have fallen prey to the negligence or iconoclasm of the past.

This brief tour should serve as an introduction to the colonial art that survives in Xochimilco. Further knowledge and appreciation of these treasures may well prevent their destruction or theft so that this exceptional part of Mexico City may continue to delight its visitors. ❀

Translated by Carole Castelli.

Photo Library of the National Institute of Anthropology and History.

San Bernardino of Xochimilco

by Francisco de la Maza

Of the numerous saints the Franciscan Order had amassed by the time America was discovered, Saint Bernardine of Siena came to play an important role in the religion and art of the Mexican Viceroyalty. His name recalls that of the soldier Bernardino de Tapia, or Bernardino de Alvordoz, son of the fierce Rodrigo, the first Mexican Jesuit. Another Bernardino was to become the most renowned Franciscan of the sixteenth century: Bernardino de Sahagún, who translated a biography of the Franciscan saint into Nahuatl as a paragon for the Indians of Xochimilco. And the legend surrounding the Virgin of Guadalupe claims there was even a native Bernardino, the uncle of the Indian Juan Diego, to whom Our Lady of Guadalupe appeared a fifth and final time.

Several Franciscan convents in Mexico were named San Bernardino de Siena, and many villages and communities of modern Mexico bear the name of the Italian monk. His fame spread to the New World along with that of Christopher and Diego—the two patron saints who accompanied explorers and conquistadors on their heroic exploits.

Saint Bernardine was born in Siena in 1380 and died in 1444. He devoted his life to preaching. He and San Vicente Ferrer divided up the Catholic world between them, to ignite it with their message—the Spaniard with eloquent wisdom, the Italian with overwhelming charisma. Anyone who recalls Eça de Queiroz's beautiful pages devoted to Saint Bernardine will feel the Franciscan's oratory force, the force that flowed into the streets and plazas of Italy and France, drawing crowds with the simplicity of his powerful words. His death brought silence; he remained a paradigm of tireless popular preaching, of the word taken to the outermost edge of the cities and into the heart of every home, of a vigorous voice with the power to teach both noblemen and beggars.

Like Saint Francis, Bernardine savored the name of Jesus, so much so that he would always preach with a ban ner that bore the initials of Jesus on it, so that the whole world could enjoy and contemplate his gentleness. That is why portraits of Saint Bernardine show him with the banner or with the initials IHS on his cowled habit.

The figure of Saint Bernardine has been a frequent theme in Western art, inevitably portrayed as an emaciated old man, more a recluse than writer or preacher; more a scholar than public speaker. Take, for example his portrait by Squarcione in Bergamo; the ones by Sodoma and Pintoricchio; the reliefs by Urbano da Cortona in the Siena Cathedral; his portrait by Crivelli in the Louvre; the one in Siena by the "Master of the Annunciation to the Shepherds," in which he is depicted as a sickly elder without teeth. Only El Greco, to my knowledge, painted his gentle spirituality as a mature young man when—lean, yet strong—he preached for four consecutive hours in an open market. In Mexico, there is another young Bernardine: the magnificent central relief of Xochimilco's San Bernardino altarpiece.

But why did a fifteenth-century Italian saint arouse the interest of New Spain? The Franciscans had come primarily as missionaries and teachers. Guidance, role models and loving support are always essential on the road through life, and the Franciscans saw these qualities in their brother Bernardine who, for as much as a century after his death, was vividly remembered by the devout masses of Europe. He was seen as a symbol of the Word in the missionary work of the sixteenth century, and was venerated almost as much as Saint Francis and the arbitrating angels of God. It is hardly surprising, then, that four of the first Mexican monasteries and convents were called San Francisco (Mexico City), San Miguel (Huejotzingo), San Gabriel (Cholula) and San Bernardino (Xochimilco).

Let us examine this work of art which stands as exquisite testimony to a journey from Siena to Xochimilco. This large Renaissance altarpiece, miraculously still intact, dates from the decade 1580–1590, during which time its counterpart in Huejotzingo was also being created. In the central panel, in the middle of the altarpiece above a grandiose Madonna and below a crucified Christ (which has since been replaced), is a figure of Saint Bernardine with his long arms outstretched: the right hand blessing, the left hand in a protective gesture. Two angels are opening his cloak, while a few cherubs float on stylized clouds above. The handsome young saint stares aloof or pensively into the distance, inclining his head a little to the right. His cheeks, upper lip and freshly trimmed beard are veiled in soft blue tones. Three symbolic locks of black hair curl over his forehead, representing the three "powers" of Christ. His habit, done in fine black and gold *estofado*, has an air of elegance as it falls in tidy folds to his bare feet.

In reference to this retable, Moreno Villa wrote, "We must follow the tracks of this fine classical master who worked in what we now call the Federal District." (Might it not be Luis de Arciniega, brother of the architect who designed the Mexico City Cathedral, and who was working on other excellent altarpieces around that time?) Moreno Villa adds, "In sixteenth-century Mexico there were sculptors who, for the solemnity, majesty and clarity of their works, would have pleased Charles V and Philip II."

While the splendid Xochimilco relief is of interest, even more attention-grabbing are the figures of the donors who accompany it. They are represented by five men on the right—three adolescents and two men featuring pointed beards—and four women on the left. The men are wearing ruffs, and the women mantillas. Their coloring and features seem to be completely European. Yet if we scrutinize certain details, they defy our first impression. The figures depict native Mexicans in decidedly Iberian disguise, having switched their race in an understandable desire to join the conquering nation and flatter it. They are the cacique donors: one example, Martín Zerón de Alvarado—an "Indian gentleman with a lot of land"—left sizeable assets to the Xochimilco monastery. They strove to portray themselves as Hispanic in appearance (skin, hair, facial features and dress) but betrayed themselves with pre-Hispanic elements (the men's cloaks are tied on the right shoulder in the manner of the Mexican *ayate* or cape, and the women are dressed in a snug-fitting native *huipil* instead of the fashionable gown of the times). Furthermore, they are portrayed without shoes. Would Spanish gentlemen ever have been depicted barefoot? Documents of the time may shed some light on this unusual group of Indian caciques-*cum*-El Greco characters. A report on Ixcateopan written in 1579 states that "[The native men] wear shirts, wide pleated breeches, doublets and capes which were tied at the shoulder in former times, while the women wear *enaguas*—a wraparound skirt fastened at the waist that reaches down to the shin—and long, sleeveless, open-necked blouses called *huipillis*."

This paragraph could well describe the bas-relief in Xochimilco. The codex entitled *Introducción de la Justicia en Tlaxcala* shows the caciques with their double names—Spanish and Nahuatl, like Francisco Maxixcatzin or Gonzalo Tecpanecatl—sporting pointed beards, Spanish haircuts (albeit adorned with feathers) and wearing sandals instead of shoes. Also, in the Codex Moctezuma the cacique petitioners appear at times simply as Indians, with headdresses, ayates and *maxtlatls* or breechcloths. Notwithstanding, a certain "Baltasar de Mendoza Moctezuma, legitimate son of Diego de Mendoza de Austria, grandson of Emperor Moctezuma" is dressed like a conquistador with Andalusian hat and emblazoned helmet, pointed beard and haircut in the style of Hernán Cortés, though his cape is inevitably tied in the manner of the ayate, and the feet are clad in sandals, all of which resemble the relief in Xochimilco.

These caciques of Xochimilco were attempting to figuratively establish, for posterity, their dual and equivocal role in this world: but they were no more princes of Huitzilopochtli than they were colonists in the name of Christ. Indeed, by slipping under the cloak of their new patron Saint Bernardine, they managed to camouflage themselves. ❀

Translated by Carole Castelli.

Laundresses in Xochimilco, 1900.

A GARDEN IN STONE

Flowers in the Architecture of Xochimilco

by Sergio Cordera Espinosa

Xochimilco is a sanctuary of flower gardens growing on cultivated plots which were created over the centuries and poetically called chinampas: lush, verdant islands surrounded by the waters of the lakes. These islets, resting on a cool bed of mud, flourished abundantly under the attentive hand of Xochimilcan farmers. Like gifts from the gods, the beauty and perfumed essence of the petals of copious flowers also served as the eternal form of communication with these deities.

In this way, a culture of flowers was established. The cycle of rituals began almost with the new year: around February 2, when the Xochimilcans harvested these floating gardens and placed the flowers on altars. Vestiges of this floriculture still remain in San Lucas Xochimanca, a village of flower suppliers, and in Guadalupita Xochitenci, a tiny community north of the former Franciscan monastery, the place "where the flowers reached." Ethnological relics of the principal activities of Xochimilcan chinampa farmers.

Pre-Hispanic life in these villages revolved so utterly around flowers that some species were deified, like the so-called *mariposa* flower, for example, which is carved in half-relief on the black basaltic surface of one of the sides of Cuailama, a building in the environs of the village Santa Cruz Acalpixcan. This flower is represented by a plant named *acalpixcan* placed in front of a *papalotl*, butterfly, the emblem of its beauty and the wonder of life.

As such, flowers were the spiritual essence of the agricultural activity upon which the ancient Xochimilcans based their advancement, and the inspiration for those who created thousands of pre-Hispanic chinampas in the Anáhuac lakes which still remain today as archaic manifestations of a culture founded on the cultivation of flowers and plants.

With the arrival of Western culture and its botanical knowledge and techniques, the floating gardens were enriched by new flowers that had been imported from faraway lands; the old species grew alongside dahlias, roses, irises, gladiolas, poppies and water lilies, the emblem of Xochimilco. This beautiful plant life was a mode of communication with the divine for many years, until the consumption of the crop was forbidden due to the high content of harmful alkaloids. Notwithstanding, the imported flowers elevated the beauty and image of the chinampas. Thanks to their cultivation, flowers were never absent from altars—not only native Mexican altars, but also those of Christian churches which were being constructed throughout New Spain.

Thus, Xochimilco came to be called "the City of Flowers" because its economy revolved around floriculture and floristry: some Xochimilcans were gardeners, others made decorative arrangements, and still others offered flowers in a symphony of scents, colors and forms to the new gods. The city of canals and chinampas became the seat of religious festivals celebrated in every district and every village. And in every important celebration, flowers were essential—to such an extent that they have since been transformed into the iconographic symbol of Xochimilco. Throughout the colonial era, stonecutters carved flowers into the walls of countless chapels and churches.

Flowers are represented in every stage of Xochimilco's historic evolution. For example, flowers were vital in the worship of Xochipilli, goddess of flowers, and Xochipapalotl. In the sixteenth century, many stone ornaments were destroyed or cut up so that the fragments could be used in the building of new churches; in this way, flowers carved into the stone were deliberately placed on the incline of the supporting walls, and they can be seen in several places, including the façade of the small chapel in the San Pedro Tlalnáhuac district which has a round six-petal flower with a small circle in the center. A smiling face was carved into this circle to symbolize the Sun, the source of all life.

Other similar carvings are featured on chapel and temple walls. In the Virgen de los Dolores Church in Xaltocán, for example, an ear of corn together with several *cocoxochitls* or dahlias—symbol of the Xochimilcans—appears on one of the buttresses to an arch and in the bell tower. To an extent, this form confirms that a pre-Hispanic religious center existed in this very place. A sign of the religious tenor of later eras is found on one of the buttresses, where small stones have been set in the mortar to create a cross surrounded by flowers. As the symbol of Xochimilco, flowers are found in most churches and at the base of the pilasters inside the former monastery of San Bernardino. The holy water fonts located below the choir loft of this building bear two *huacalxchitls* (member of the arum family) entwined with a Franciscan waist cord. Similarly, the side wall of the former monastery displays several kinds of flowers in different styles and designs, creating four flowering plants sculpted from the roots up, in the manner of the Codex Badianus written and illustrated by two native Mexicans in the sixteenth century.

In present-day Mexico, Xochimilco's principal activity is still the cultivation of plants and flowers for decorative use to be sold as floral arrangements in open markets. Flowers of all different kinds, depending on the season, can be admired in the markets, decorating the canal boats that are so ubiquitous in Xochimilco, and during local where church doors, façades and altars are invariably adorned with beautiful floral arrangements. ❀

Translated by Carole Castelli.

Hugo Brehme. La Viga Canal, 1923.

A GARDEN LEGEND

The Child Father of Xochimilco

by Rodolfo Cordero López

The most important and deep-rooted religious cult among the people of Xochimilco is probably the veneration of the *Niñopan*: the Baby Jesus, the Holy Child of the Town of Xochimilco or the Pilgrim Child. For the inhabitants of this area, the Child-God is an inherent part of Christmas festivities. According to some versions, the word Niñopan is the result of joining the Spanish noun *niño* ("child") with the Nahuatl locative *pan*, meaning "place." The word therefore means "Child of the Place." There is, however, another name for the sacred statue: *Niñopa*, or Child Father. Together, these meanings give us a broader idea as to the importance of the Christ–Child in Xochimilco: he is both Child Father of the Place and the figure to whom innumerable miracles are attributed, especially health-related ones. Locals like to tell stories of extraordinary healings. They even relate how the statue's cheeks change color according to his mood: rosy when he is happy, pale when he is sad.

According to tradition, the Niñopa has spent 118 years wandering from house to house throughout the lake-city: hence he is also known as the Pilgrim Child. Given his importance to Xochimilcan society, a special patronage was created to guard this statue; those who wish to hold this office must apply more than five years in advance. Local documents show that the households who aspire to become patrons of the Niñopan have been designated up to the year 2028. Although there are innumerable images of the Baby Jesus, the wooden statue that is publicly venerated belongs to the people and, therefore, has no church of its own. A decree from the office of the Attorney General dated August 16, 1969 established that "the statue belongs to the Federation, but according to the customs of Xochimilco it is venerated in the seventeen neighborhoods of the town, in the homes of the patrons who so deem. It is hereby understood that if this tradition should be broken for whatever reason, [the Committee for the Preservation of the Image of the Holy Christ-Child of the Niñopan People] will return the statue to the Ministry of National Heritage in accordance with the document signed by the local people."

The patronage usually begins on February 2, the day when images of the Christ-Child in Xochimilco are blessed in a ceremony. Seeds are offered to secure a successful harvest, and candles are lit in honor of the sick or in memory of the dead. That day the new patron receives the Niñopan from church authorities and promises to say the rosary every day, to hold monthly masses and to celebrate the feasts of Christmas, the Epiphany and Candlemas. This office usually becomes one of the most honorable activities in the life of the new patron, as the people profess an enormous faith in the Christ-Child. Such is their devotion that on October 10, 1985, the law was forced to resolve a conflict between the then parish priest and the council of patrons: the Niñopan had been forbidden to enter the church or to have masses organized in his honor. On that occasion, the decision fell in favor of the patrons. Another of the commitments accepted by each new patron is to keep the Child's belongings in good order, and to hand them over with an inventory on the February 5, three days after Candlemas.

However, the most important celebrations are the *posadas* (the nine days prior to Christmas), which are organized up to four years in advance. Indeed, the most outstanding feature of these fiestas is the presence of the Niñopan. He presides over them even before his symbolic birth, remaining on his throne in the patron's house until the day of the first posada. He is believed to sleep there until morning, when he is taken to the house where the posada will be held. He later returns, carried by the patron's wife, heading a procession of great pomp and circumstance. From his throne, lined with countless flowers, the Niñopan witnesses the celebrations of his birth. After Christmas the statue remains in the Nativity manger until January 6, when he attends the Epiphany Mass. Afterward, he is returned to his usual place and rests there until February 2, when he is taken to a liturgical service at San Bernardino de Siena Church, where the Bishop hands him over to his new guardians.

In the months following, the Baby Jesus pays regular visits to his devotees and to the sick who pray for his blessing. Usually, after the ceremony in which the statue is handed over, a crowd accompanied by a wind ensemble and many dancers lines the route to the house of the new patron, who has decorated his street with flower-covered arches. The new guardian places the statue in his home, feeds thousands of visitors and offers entertainment. In the evening a dance is held.

Other important festivities in which the Niñopan takes part are Children's Day, on April 30, when he is honored by the children of the community, and Corpus Christi, when he is dressed as an Indian and a crate is tied to his back. On both occasions the Child Jesus is treated as if he were just another child of the community.

Furthermore, the Niñopan is placed on the patron's household altar along with different images of the Christ-Child belonging to members of the family, neighbors and friends, rather than with the religious statues of the parish church, chapels or other churches in Xochimilco. Finally, despite the heavy financial burden involved in carrying out the patronage of the Niñopan, neither class nor social distinction is considered when granting it. All this furthers an extraordinary social cohesion around the figure of the Niñopan. ❀

Translated by Lucienne Marmasse.

NOSTALGIC GARDEN

An Inebriated Logbook

by Armando Sarignana

For José López, who belongs.

My ear follows its secret babble
I hear it growing its rocks and its plants
that extend its fingers and lips.
Xavier Villaurrutia

In mid-June the weather was so soft and cool it made you want to venture into the aquatic arms of the city, apparently ignited by the posthumous incandescence of the sunset and the cold gleam of a barely perceptible full moon. The excursion would begin at dusk, the air impregnated with irresistible aromas of supper and the notes of mariachi and marimba bands mingling with shouts of boatmen and the chatter of people who, little by little, began to crowd the dock.

When we arrived, our unusual group did not pass unnoticed, especially Nahui, *la pelona*, thus called for her extremely short hair. The rest of us wavered between the eccentric and the reasonable: Atl, Clausell, my father, old Francisca, and myself, Camila. We rented a canal boat, a *trajinera*.

The ripples rocked the barges tied up at the Puente de Palacio dock in the center of Mexico City.

* * *

The landing had dropped behind, and as the boatmen began the first of their vast repertoire of songs, Papa uncorked a bottle of Chateau Margaux while Francisca set out wine glasses for each member of the crew on the long board of the table.

We had begun our excursion toward Xochimilco, a village whose clear salubrious waters were often compared to another historic city and its rank, choleric canals.

We settled in for the most pleasurable trip possible.

On that splendid night, we drank a toast to a good voyage until dawn, to Clausell's riotous nature, to the early inauguration of the National Theater, and to my father, Federico Quiroz, the supervising architect. We drank to everyone's happiness. Dr. Atl and Nahui, being the most vehement among us, and with their temperament that discouraged any speculation, placed their bets on eternity, however brief.

Some days before, Joaquín had proposed to take us to see certain stone glyphs discovered in the vicinity of Xochimilco, and given the great effort he had put into describing one of those enigmatic glyphs, the *nahui ollin*, the excursion signified subtle praise for our guest.

When Mama was informed of the trip that Clausell and Dr. Atl had planned to Xochimilco and discovered that it would include her extravagant and licentious friend, Carmen Mondragón, she raised hell. "Nahui on a moonlight trip to Xochimilco? Alone with all those men? *Never!*" My mother, however, knew that she would never go on another excursion with Papa—not for all the gold of Midas. The last trip (an unhappy memory) had forced her, to that day, into a rather uncomfortable relationship with arnica. Everything conspired in my favor. My mother, who knew of my desire to go, gave me her unfaltering permission: Francisca was to be my chaperone, and Mama's eyes and ears. She would thereby make sure that my father did not fall under the spell of that woman who was said to be an enchantress of men. The fact is that Nahui's eyes were glassy tunnels into which many had disappeared.

* * *

The canal was crowded with colorful *trajineras*, some with diadems of flowers arranged to spell captions declaring love, others with the names of women. The passengers, often crowded into the limited space of the vessel, encouraged by the darkness, began a noisy commotion forecasting the flurry to come. Food and drink flowed in abundance throughout the entire voyage.

"Pulque bread, butter cream bread, anise-flavored atole!"

"Corn-on-the-co-o-o-b! Buy your corn-on-the-cob here!"

"Frogs legs, *güerita*. Tlacoyos, anthill gorditas. Come on lady, tacos with greens, black coffee, herbal tea." Musicians in broad-brimmed hats and thick jackets offered us songs; in the process, a stanza reached us intact: "Starlet in the distant sky. / Witness to my pain and suffering. / Come down and tell me if he loves me a little, / Because I can't live without his love."

* * *

The stone walls of Saint Stephen and the Holy Cross had fallen behind us long ago. The wind rippled the water's surface and from time to time along the shadowy borders of the swamp there rose vast, luminous blurs of gannets and herons.

At a certain point, my nostrils flared spontaneously. I breathed in deeply as the breeze generously spread a mixture of sweet fragrances. I looked about me searching for the source, and the landscape answered, as if by mistake, with the unfailing image of leafy, drooping cypress and poplar trees, and the white ahuehuete willows that had accompanied us from the beginning of our journey. Intrigued, I turned toward the group seeking Papa's eyes.

Papa, like Nahui, Clausell and Atl, was sniffing the air with beatific satisfaction. After the few seconds that it takes a child to lay down the rules of a game, all of us began to solve the riddle that literally floated in the air. "White sapodilla," said Clausell. "Quince," offered my father. "Apricots," I shouted so that all could hear. "Spanish plum," said Nahui in unison: a whisper that was lost in my excitement.

The boatmen and Francisca, indifferent to our sudden enthusiasm, passed peacefully through familiar aromas. When we reached the gardens, the fragrances became accentuated. "Where are we?" I asked. "Near Xamayca," they answered. Xamayca was the port of destination for most travelers. Soon the din gave way to conversation and quiet, cheerful tunes.

Attentive, behind the world of shadows through which my eyes wandered, a Babel of sleepless inhabitants issued their insistent palaver: innumerable beings sang, shouted, howled…

I watched the algae emerge from the depths, imagined the fish fleeing the boatman's pole as it dipped in and out of the water, shattering the hypnotic reflection of the moon on the water into sparkling shards. We were shipwrecked in the constellated night, drowned by the immense sea above.

* * *

Carmen Mondragón was the epitome of a woman out of time and place. When she took off her light shawl and the breeze fluttered the gauze poppies of her dress, everyone was surprised and disturbed by the depth of her provocative neckline. Cold and magnetic, her serpentine eyes examined the impact she had caused.

This was Nahui Ollin, laughing among the laughter, who burst out intoxicated and entranced. Alone she danced the musical numbers that a worn-out quintet took pains to play with verve; barefoot, resplendent, she approached me and stepping away, held out her hand with an alluring expression and asked me for the next dance.

I mumbled something with a nervous giggle, but by then my body accompanied hers, whirling in uncontrolled laughter to the rhythm of a soon-to-be-forgotten melody. I dropped into the first chair I could find: Nahui was already dancing with Clausell.

The diva who refused the place that Hollywood had prepared for her in its firmament of fiction nestled into the arms of Gerardo Murillo, Dr. Atl. He was bound to the soft form and grating tone of this sorceress, a faultless practitioner of Benita, the witch, and her spells. One glance into the abyss of those eyes was enough to unleash total chaos. Her figure, strange to many, possessed a devastating beauty.

Lovingly, Nahui asked the boatmen to go to shore. She stepped into an unscented bed of purple dahlias, losing herself amid fragrant eucalyptus trees, while in the distance the ceaseless barking of dogs could be heard.

* * *

Alcohol lamps, lost in the darkness, watched for Nahui's return. Without turning his eyes from their duty, Atl chatted softly with my father while nearby, Clausell's eyes, framed by round thick glasses, noted every detail of the scene.

From time to time, shreds of conversation reached my alert ears. In vehement tones that often caused him to raise his voice, Atl narrated the details of a strange adventure in which he was on the verge of being shot, not far from here, by General Zapata's troops. The conversation flowed tirelessly and in no apparent order; judging by his words, that was a time of outrageous ideas.

Joaquín Clausell, who taught painting at underprivileged schools in Xochimilco, partook wholeheartedly in the improvised cultural forum, and spoke of visiting Best Maugard, who had invited Clausell several days before to see the work of his pupils at the nearby Open Air Painting School.

Xochimilco. National Institute of Anthropology and History.

An old family friend, Adolfo Best Maugard, with the help of a messianic team of enthusiastic friends, was promoting a personal drawing method—a "visual grammar," in Clausell's words—based on primitive pictographs. The result of his method had received international acclaim, and was touted as the birth of Mexican folk art.

When Nahui returned to the boat, Atl was immersed in a detailed description of the utopian city of Olinka. His ambitious humanist, open-air architectural project would always give me the feeling that it was a place I knew, even after Campanella's detailed analysis of it.

Persistent fumaroles rose over the peak of Popocatépetl.

There was a long silence. Now and then I noticed the croak of axolotls—"water dogs"—in the treetops. It was 4:23. The Sun in Cancer ceded the way to summer.

* * *

My hand paddled lazily, dragging algae that tangled between my fingers: something viscous and cold slid between them. I screamed. Papa was at my side in an instant and the others—recovering from their surprise—quickly joined him; a shoal of silvery snakes disappeared among the roots of a vast ahuejote willow.

Curled in my father's arms, I swallowed a comforting sip of cognac offered by Francisca, while the rest of the bunch, now fully recovered, took it upon themselves to tease me mercilessly. I cast a suspicious glance at the greenish murky waters. How they bored me. Their overblown talk, their conquests and prodigious careers all seemed inane to me—a collection of anecdotes loaded with pathetic exploits. They were unbearable…

I was awakened by the ruckus of birds igniting the dawn. Daybreak turned a livid sky crimson. Through the ranks of willows that lined the chinampas laden with flowers and produce, we heard, crystal clear, the call to matins from all the parishes at once, as if in unison. Xochimilco took shape before our eyes like a floating orchard, with canoes darting from its outskirts en route to the city markets, bearing their cargo of freshly picked flowers and vegetables.

The morning chill forced me to the other end of the boat, where Francisca served me hot tea. Nahui was standing there watching the moon sink into its liquid bed. Witness to an unusual spectacle, I saw both day and night disappear into her drifting watery gaze that observed me with the eyes of a fish. She took my hand and impulsively we thrust ourselves forward, toward the canal into which the traces of the night were rapidly dissipating: the wet prelude to an unforgettable excursion. *Mexico, Summer 1922.* ❀

Translated by John Page.

20 ANIVERSARIO ARTES DE MÉXICO

Artes de México renació en 1988 como un proyecto cultural inusitado, que toma como eje una revista monográfica en la que confluyen aproximaciones novedosas y reflexiones apasionadas sobre nuestra cultura. Desde entonces, nuestra meta ha sido descubrir, a través de los más sorprendentes objetos del arte, los nuevos enigmas de un México creativo y vital. Hemos querido indagar sobre lo que no es evidente a través de lo que sí se ve. Invariablemente nos hemos visto maravillados, pues los muchos rostros de nuestra cultura han superado nuestras expectativas.

Años después, ampliamos nuestros horizontes editoriales al sumar colecciones paralelas de libros que nos permiten el doble placer de contemplar y comprender nuestra cultura. Así surgieron las series Uso y Estilo, Libros de la Espiral, Libros del Alba, Itinerarios Poéticos de México, Artes de la Mirada y, últimamente, Luz Portátil.

Y, gracias a la preferencia de nuestros lectores, seguiremos sumando senderos a este itinerario cultural que, en 2008, cumple ya veinte años.

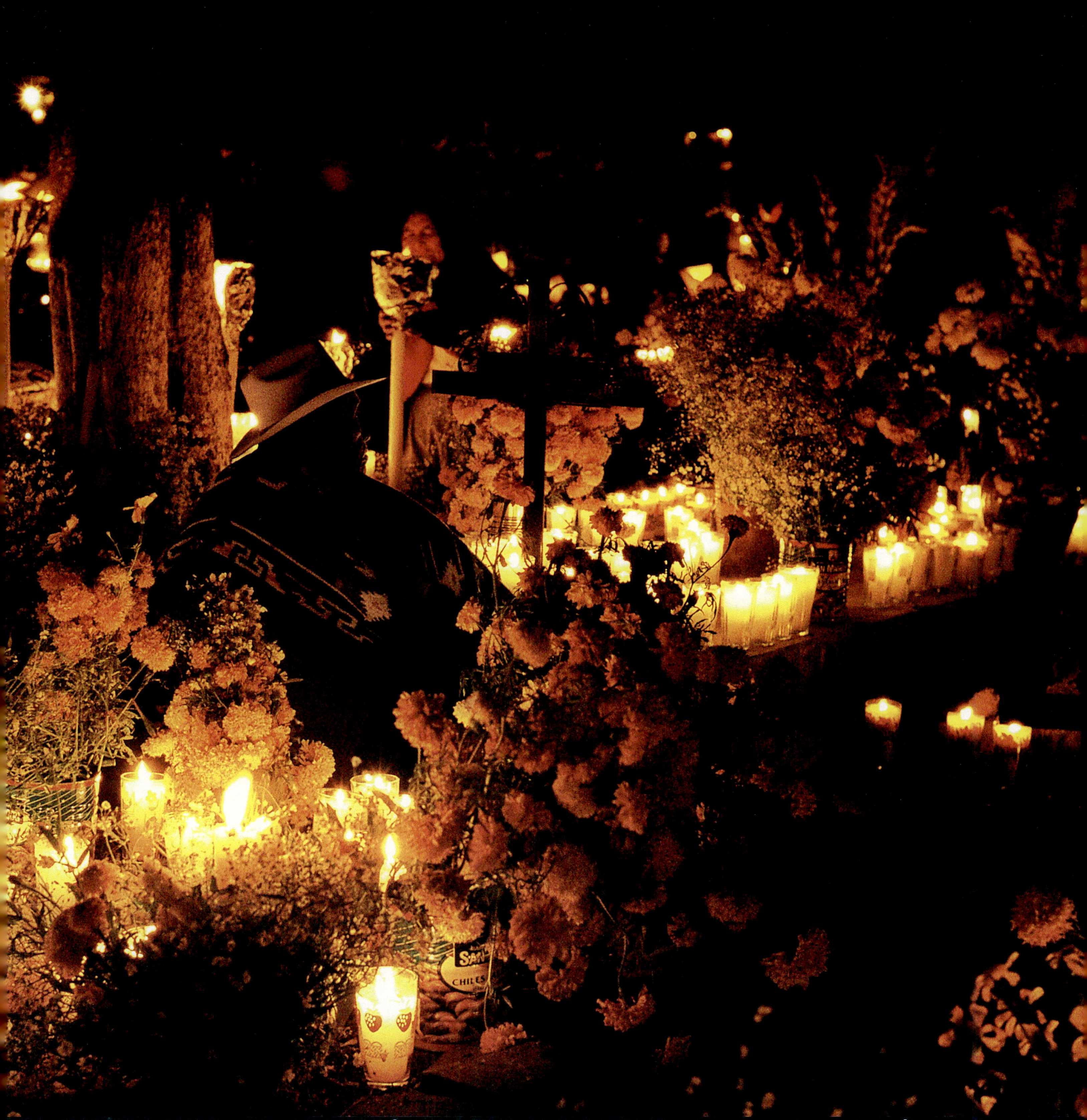

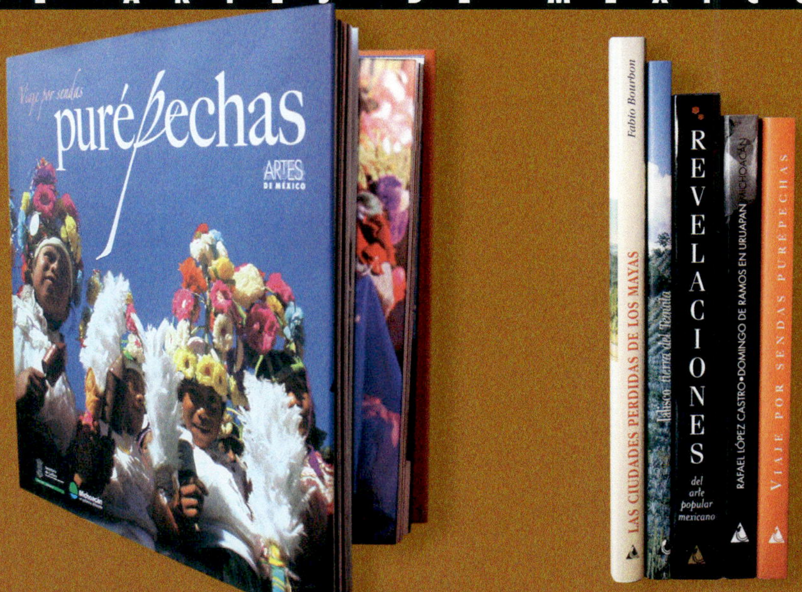

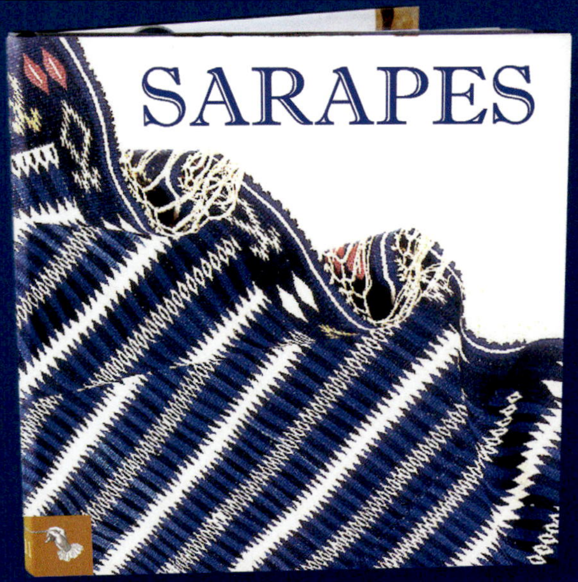

UNA COLECCIÓN DE ARTES DE MÉXICO

GUÍAS

En un formato práctico, esta serie creciente de libros ofrece información y orientación para explorar terrenos de naturaleza diversa.

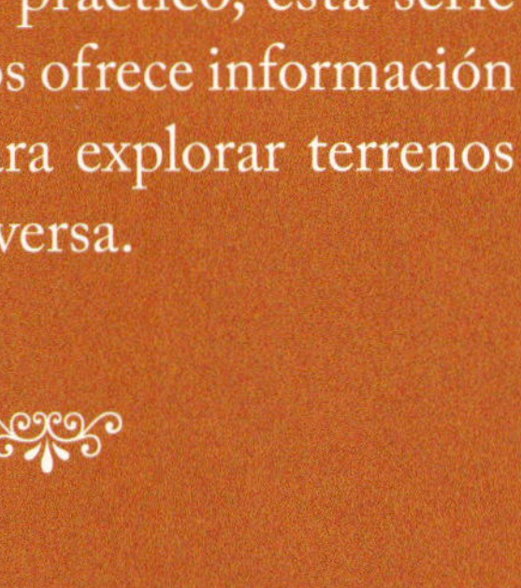

La guía del tequila • La guía del Himno Nacional mexicano • La guía del Museo Nacional de San Carlos • La guía Artes de México de museos galerías y otros espacios del arte • Museo J. Paul Getty. Guía de las colecciones

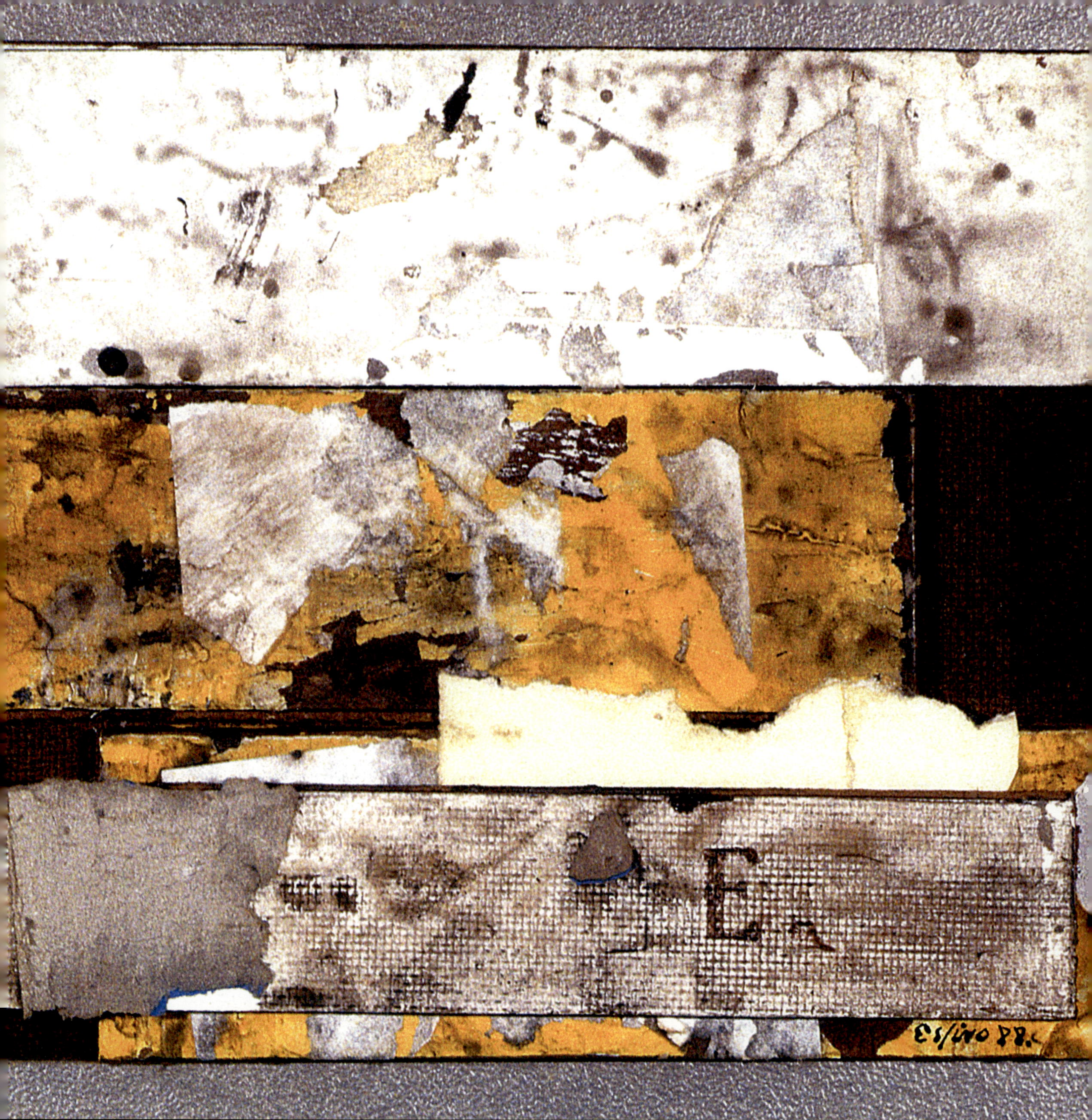

UNA COLECCIÓN DE ARTES DE MÉXICO

Tiempo Detenido

La creación es tiempo fuera del tiempo, un momento privilegiado para el lector. En esta colección de tiempo detenido y disfrutable encontramos ensayos creativos y breves, poesía y relatos.

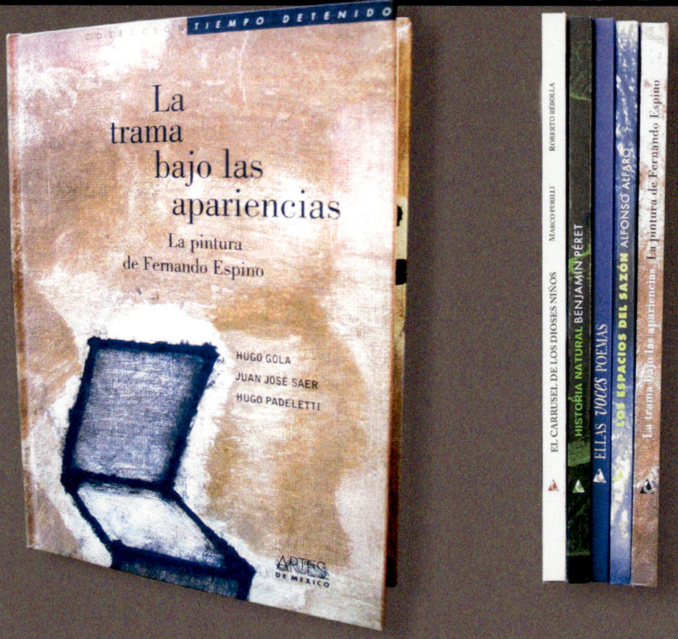

Los espacios del sazón • Historia natural • La trama bajo las apariencias • Ellas voces poemas • El carrusel de los dioses niños